U0430905

陪你
读书

给孩子的
24堂经典阅读课

徐宏洲——著

清华大学出版社
北　京

图书在版编目（CIP）数据

给孩子的24堂经典阅读课 / 徐宏洲著. — 北京：清华大学出版社，2019（2024.10重印）
（陪你读书）
ISBN 978-7-302-51232-5

Ⅰ. ①给… Ⅱ. ①徐… Ⅲ. ①阅读课—中小学—教学—参考资料 Ⅳ. ①G634.333

中国版本图书馆 CIP 数据核字（2018）第 213816 号

责任编辑：王如月
装帧设计：李 唯 黄海弟
责任校对：王凤芝
责任印制：杨 艳

出版发行：清华大学出版社
网 址：https://www.tup.com.cn，https://www.wqxuetang.com
地 址：北京清华大学学研大厦 A 座 邮 编：100084
社 总 机：010-83470000 邮 购：010-62786544
投稿与读者服务：010-62776969, c-service@tup.tsinghua.edu.cn
质量反馈：010-62772015, zhiliang@tup.tsinghua.edu.cn
印 装 者：小森印刷（北京）有限公司
经 销：全国新华书店
开 本：165mm × 235mm 印 张：15.5 字 数：167 千字
版 次：2019 年 3 月第 1 版 印 次：2024 年 10 月第 5 次印刷
定 价：59.80 元

产品编号：081042-01

谨以此书献给

所有热爱阅读文学经典，

喜欢收听花生电台的大朋友、小朋友们！

目　录

蜘蛛
罗切斯特
花生粥
冬虫夏草
玩偶界
Friday
华生
妖怪
百草园
骆驼祥子
二战
有钱人
洋车
飞行员
安东尼奥
小萝莉
双城记
罗琳
狄更斯
诸葛亮
花生小学
魔法学校
SomePig
网文
野人
火星救援
朝花夕拾

楔　子

从花生市的老火车站一路向海岸线延伸生长的是花生大道，大道两侧是高大的梧桐树。年复一年的秋天，手掌大小的梧桐叶簌簌落下，拥抱柏油马路。如果不是渐起的秋风调皮作梗，那这番景色定是这个城市最好的明信片。

只不过现在是六月，明信片的图样还没上好颜色。

花生大道的末段，花生中学和花生小学毗邻而立。并非所有花生小学的毕业生都能升入花生中学，也并非花生中学所有的新生都来自花生小学，但这两所学校的师生都知道，在中学和小学隔墙间的小巷深处，塞进了一家有声音的书店——

霹雳听书馆。

没有人知道霹雳听书馆为什么要叫“霹雳”，而不叫“闪电”，或者再加上“啪啦”二字。

这里没有教科书，也不出售任何习题集，不足一百平方米的二层空间摆满了听书馆老板自己喜欢的，或者附近学校学生想看的书。

摆放典籍，整理书架，打扫卫生，偶尔兼职收银的是个体重二百多斤的小胖子店员 Marvin Bee，他刚配了一副圆形金边眼镜，每过几个小时就会用清水冲洗，用围裙口袋里的纸巾擦拭干净。

此刻，他正等着订购的新书送上门，送书的人是福尔摩。是的，没有“斯”。

福尔摩是听书馆唯一的供应商，他十个手指恨不得戴上二十枚戒指。虽然他恨透了每次挤进逼仄的过道可能给他油亮的皮衣留下浅淡的划痕，虽然他每次找到听书馆指定的书籍并不容易，但他确实是这里的常客。

他对听书馆的了解并不限于每月的书单，他手机通讯录里存的联系人姓名是——毕马温。

这一切似乎拖慢了方圆百里内的繁华街市和琅琅书声的节奏，略显格格不入。然而每周五晚七点三十五分，都会有一位老师在听书馆里打开话匣子，给相约来这里的少年们讲上十几分钟的读书故事。

他喜欢喝花生粥，你可以叫他花生粥老师。

第一个星期五

《骆驼祥子》：一个民国“网约车司机”的悲惨世界

“您的目的地已到，请带好随身物品……”司机手机的App还没有例行公事宣布抵达，副驾驶的门猛然打开，冲出一个哭泣的男孩——

“你也不是我爸爸！”

他边擦眼泪边跑向听书馆，“哐”的一声，哭泣的男孩撞上了结实的玻璃门。

“好在门没事。”Marvin心里想。

花生粥老师看着这位莽撞的“有速之客”，想起男孩的爸爸是一名网约车司机，他觉得男孩对父亲是既想念又怨怼，于是从书架上取下一本《骆驼祥子》。

本周的听书馆，花生粥老师讲的是一个民国“网约车司机”的悲惨世界。

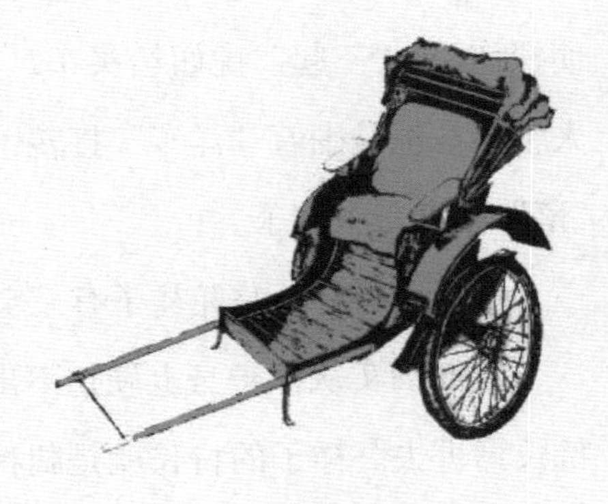

花生粥老师讲述时间

“骆驼样子”和“骆驼祥子”

小时候，有一次为了和同学们吹牛，比谁看的书多，我凭着记忆力和识字不多的勇气，大胆地当着全班同学的面说——你们谁看过“骆驼样子”？

没想到还真有同学跟进，“我看过——在动物园里，骆驼的样子有点像长颈鹿，还有马……”后来大家就七嘴八舌开始讨论起动物园，也没有人纠正我——老舍先生这本书叫《骆驼祥子》，直到现在我还对那些小朋友心存感激——幸亏你们读书少，才没让我下不来台。

我们常常把《骆驼祥子》的情节框架概括为“三起三落”，“一起”攒钱买新车，“一落”丢车成壮丁；“二起”偷骆驼买车，“二落”被侦探诈骗；“三起”虎妞给买车，“三落”卖车埋媳妇。想来祥子的人生基本都是围着“洋车”打转，结果转来转去，“起”都没起来；“落”是真落下去了。

俗话说得好，骆驼祥子有三宝——洋车，虎妞，满地跑。

我们确实从祥子身上硬挖不出什么其他宝了，所以只能把他的特长算进去。祥子的特长就是腿特长，脚力好，搁现在短跑他不一定能跑过博尔特，但马拉松肯定是世界水平了。他的故事如果套用

在当代，是一个企图三次买上私家车接送乘客，却始终改变不了悲惨命运的“网约车司机”，最后还被网约车公司老板家的大小姐潜规则骗婚的故事。

洋车，俗称人力车，同样是两个轮子，两个把手和一个座位，洋车的构造与自行车完全不同。自行车的轮子是前后的，洋车的轮子是左右的；自行车的把手在驾驶员身前，洋车的把手在驾驶员两侧；自行车的后座只能坐一个人，而洋车则可容纳两三个人。

洋车司机，俗称车夫，靠自己的双手拉车双脚跑路，一般没有拉着空车满大街乱跑的，毕竟是个体力活。《骆驼祥子》一开始就把拉车的车夫给分类了：自己有车的车夫想怎么拉就怎么拉，不想拉就不拉；从车厂租车拉的车夫每天交份子钱，你让我怎么拉我就怎么拉。书里的刘四爷就是开车厂往外租车让车夫拉的，他一度是祥子的老板。

还有一种分类方法是按拉客的方式：拉包月和拉散客。拉包月一般相当于有钱人的司机；拉散客是在不同位置等客人来。所以车夫这个职业的从业者一般不需要有多高的文化水平，身强力壮，踏实肯干，别有大病，养活自己不成问题——祥子是这么想的。

刚入行的车夫一般都属于社会底层，基本都靠给车厂交份子钱，省吃俭用攒钱买自己的车，最好拉上包月。这是车夫的职业规划，基本上算一眼望到头。祥子也不能免俗，他最大的人生理想就是——攒钱买车，拉上包月。

之前我接触过一位朋友，以为这是一本关于倒卖骆驼的书，但骆驼这种动物和拉洋车的车夫在全书出现的篇章并不多。“骆驼”是祥子的外号，老舍先生用骆驼给祥子冠名，我判断是用其他动物冠名听上去比较怪异，如“野牛祥子”“小猫祥子”，甚至是“长颈鹿祥子”“藏羚羊祥子”，只有“骆驼”能把祥子憨厚朴实、吃苦耐劳，但也犟得要死的这股劲儿表现出来。

祥子和虎妞到底合不合适

既然祥子处在一个悲惨世界，那为什么被老板家的千金大小姐看上，还不愿意呢？

这和女一号——虎妞女士有关。虎妞是刘四爷家的“千斤”，祥子面对这个资深“吃货”，内心深处是拒绝的。

虎妞的“虎”不仅体现在她的长相上，她做事更“虎”。她假装自己有了祥子的孩子，骗祥子和她结婚。善良的祥子没想到是假孕，只能天真地栽在虎妞手里。后来还是虎妞自己涎皮赖脸告诉了祥子真相。

“虎妞”也是外号，跟祥子的“骆驼”是一个套路，用来说明女主人公的特点，省得读者自行概括。

虎父无犬子，虎毒不食子，养虎为患……总之很多谚语、俗语、成语、歇后语都说明老虎的性格特征，做成玩具可能觉得萌，但毕竟是百兽之王，所以虎妞敢和他爹刘四爷绝交也在情理之中。

那作为书中的关键人物，祥子和虎妞合不合适呢？

如果在当代，可以看看他俩的星座合不合，血型配不配，手相面相骨骼脚掌能不能成一对，生辰八字是不是相生相克。要是根据性格推测他们二人的星座，祥子八成是天秤座，因为他选择困难；虎妞不是天蝎就是金牛，因为她比较腹黑。

然而配不配应该是双方的事，不是一厢情愿的单恋。文学作品里男女主人公的“般配”大体有两种：一种是王子和公主，属于门当户对；另一种是癞蛤蟆与白天鹅，在物种上具有强烈对比性的互补，使对方完整。祥子和虎妞显然不属于其中任何一种。

在相对传统的社会里，成亲不仅是一对男女的事，更是两个家庭的事。祥子和虎妞——一个没有家；一个家里只有爸爸，怎么看都是不完整家庭长大的孩子。祥子倒还好说，自己可以给自己做主，可虎妞家里，刘四爷同意的话也能成，问题是刘四爷根本就不同意。

猜不透的刘四爷

刘四爷膝下无子，虽然在事业上把虎妞当成“纯爷们儿”，但生活上无论如何也得找个人把她嫁了，这一点虎妞自己也知道。

按照刘四爷的家世，租车行大老板的千金，找个轮胎制造商的公子才算天造地设，祥子却是一穷二白，虽然踏实肯干，人也不坏，可毕竟不是刘四爷和祥子过一辈子，而是虎妞和祥子，眼看着让女儿嫁过去受穷，要是都能同意，这还是亲爹吗？此其一。

其二，刘四爷可能还有一层考虑，如果祥子和虎妞真成了亲，万贯家财将来可就都不姓刘，可能要改姓“骆驼”了。刘四爷是个抠门儿的人，要他的钱还不如要他的命，所以这也是他不可能同意虎妞和祥子婚事的原因。

其三，也是最重要的一个原因，刘四爷是个要面子的人。在他七十大寿这一天，在他人生中最应该风风光光接受亲友祝贺道喜的这一天，在他最该意气风发酩酊大醉逸兴遄飞的这一天——

虎妞和祥子没给他面子。

虎妞早对祥子虎视眈眈，毕竟自己也老大不小了，始终找不着中意对象也不是个事儿，祥子正好成了她的猎物。她通过假装怀了孩子的方法骗了祥子，等祥子上了她的“贼船”之后，她的下一步计划是让她爹——刘四爷——接受祥子。

虎妞的如意算盘是让祥子好好操办刘四爷大寿的各项工作，刘四爷心情一好，虎妞再吹吹风，让刘四爷认祥子做干儿子，最后再把自己和祥子的事告诉她爹，这事就成了。

但人算不如天算，祥子好糊弄，刘四爷可精着呢。

更何况刘四爷七十大寿这天心情并不好。

做寿这天来的宾客都拖家带口，和刘四爷一个年龄段的都是爷爷辈的，虽然叫刘四“爷”，可不是任何人的亲爷爷。

俗话说:“人比人得死”,特别像刘四爷这种“成功人士”,是要“人无我有,人有我精,人精我要精两倍”的。看着人家孙子孙女满地爬,

自己只有个大虎妞还心怀鬼胎，他心里那叫一个别扭。

另一方面，如果是别人给自己找不痛快，刘四爷还能以牙还牙，毕竟他以前可是开过赌场，卖过人口，打过群架，抢过妇女，跪过铁锁的人，见过世面，经过大风大浪，但亲闺女让自己下不来台，真是有苦说不出。

此时的刘四爷处在一个特别矛盾的境地，到底要生谁的气呢？

生自己的气他做不到，只好生虎妞的气，连带祥子的气也一块儿生。全书的高潮就在这里出现了，老舍写虎妞当着那么多人的面，在他爹做寿的当口，在他爹不痛快的时候，说起了自己和祥子的事——正好触到了刘四爷的霉头。

如果你是刘四爷，你也不能同意虎妞和祥子的事。刘四爷在面子、女儿和万贯家财三者不能兼顾的时候，他作为一个父亲，毅然选择了万贯家财。

命运靠谁来改变

我们不妨想一想，如果祥子一生不是这样，那会有什么结果。假设有记者能采访到祥子，估计会有这样的对话。

记者：祥子你为什么拉车？

祥子：拉车挣钱。

记者：挣钱干啥？

祥子：攒钱买车。

记者：攒钱买车干啥？

祥子：拉上包月。

记者：包月之后呢？

祥子：攒钱娶媳妇。

记者：娶了媳妇之后呢？

祥子：生个小祥子。

记者：生个小祥子之后呢？

祥子：养小祥子长大。

记者：等小祥子长大了以后呢？

祥子：……

到这里祥子应该就会想明白了，总不至于等小祥子长大了，再教他继续拉车。

如果把祥子的故事看成是他自己的人生悲剧的话，那这条路可能一开始就错了，因为这样的人生轨迹看上去不像是有希望的。

如果我是祥子的朋友，我可能会给祥子这样一套方案。

攒钱买了车拉上包月之后先不要着急娶媳妇，因为反正有虎妞这样的大龄单身女青年在那里等着他，攒了钱之后再买一辆车，然后租出去。这时候祥子成了有两辆车的出租方了，出租房屋的叫房东，祥子这样就成了一辆车的“车东”。此时他攒钱的速度会加快，攒够一辆车的钱，再租出去，成为两辆车的“车东”；然后再攒，三辆车的“车东”，四辆车的“车东”……慢慢地自己不用拉车了，

可能若干年后刘四爷的车厂最大的竞争对手就是“骆驼出租车有限公司”。

与此同时，再培训一下行业新人，教新的车夫如何偷懒，如何发现潜在的大客户，如何和其他车夫抢生意，这时候“骆驼洋车夫技能培训学校”就可以成立了。

车夫们平时还得有住的地方，还得吃饭喝水，祥子再租个集体宿舍，顺道开个旅馆，整个餐厅，弄个酒吧……要不了多久，别说刘四爷，就是刘五爷也得巴结着祥子；非但娶妻生子完全不是问题，别说虎妞，就是“狮子妞”，祥子也可以不放在眼里了。俗话说，“人有多大胆，地有多大产”，这主要看祥子的想象力有多丰富和他能活多长时间了。

然而，上述方案都不可能在祥子身上实现。因为他若有这个脑子，那他可以改名叫“狐狸祥子”了。

祥子的悲剧

祥子毕竟还是个傻骆驼。

在老舍先生笔下，他和他的车就跟肥皂剧里不能长相厮守的男女主人公一样，刚有点要幸福的迹象，就被各种各样的情节设定一巴掌拍进痛苦的深渊。

祥子的第一辆车是他省吃俭用了三年攒出来的，结果偏偏被战乱中的逃兵给抢走了，虽然他自己跑路的时候“顺手牵骆驼”卖了点钱，有了第二辆车的本金，没想到又被一个姓孙的侦探敲诈光了。如果说第一辆车他还能有过朝夕相处的机会，那第二辆车他可是连影儿都没见着，只是存在于梦中。

祥子第三次有买车的打算是虎妞给他提供了赞助，结果是“成也萧何，败也萧何”，虎妞给的钱祥子算是买了辆二手车，可又赶上虎妞因为平时嘴馋不运动，生孩子难产死了，祥子只好又跟这辆私家二手车说再见——卖车给虎妞料理了后事。

这一连串的打击，硬生生把小说开始时还有点上进精神的祥子锤炼成最后吃喝嫖赌抽，坑蒙拐骗偷，甚至连出卖革命党人情报换钱这种事都做得出来的人，真是“士别三日，当刮目相看”。

你要说祥子的人生全部是悲惨的，也不尽然，毕竟他也有过自我感觉良好的时候，所谓“悲剧就是把美好的东西摔碎了拿给别人看”是很有道理的，祥子曾经美好过，但是被那个世界摔碎了。

老舍先生只不过是把“如何美好”和“如何摔碎”都拿到你眼前而已。

微信扫描二维码，随时随地听好书

第二个星期五

《鲁滨逊漂流记》：这是一场说走也走不了的旅行

暑假眼看要到了，听书馆里的人没有往日多，毕竟考试的重要性不是别的活动能比的。

期末考试这天，仿佛黎明前最黑暗的时刻，同学们掩饰不住对于即将来临的假期的兴奋——海滩，远足，饮料，睡懒觉……近在咫尺，却触手不可及。定了定神，眼前却是“这段话表达了作者的什么感情”“两辆货车什么时间会相遇”这样的问题。

考试结束的铃声还有几分钟才会响起，花生小学的“天才少年”已经走进了听书馆，像往常一样，站在学校排名顶端的他，看着考试题目，有一种武功绝世高手走进军体拳方阵一样的感觉。

“这个暑假想去哪儿啊？”Marvin 头也不回地问，似乎知道来的是他。

“世界有多远，我就去多远。”他从来不好好回答问题。

听了这个回答，花生粥老师放下手里的电脑，走到他身边，摸了摸他的大脑袋，说：

“那我给你讲一个说走也走不了的旅行的故事吧。”

花生粥老师讲述时间

孩子的梦想和爱好

成年人和孩子的交流往往带有目的性，多数都是一般疑问句和选择疑问句。

比如问孩子：“你的梦想是什么？”请记住要回答得高大上一点——成为科学家，做医生，当律师，在学校教书……都是不错的选项，如果你的回答是街边卖水果糖，估计家里人就会皱起眉头，觉得孩子没有出息。

再比如问孩子：“你最喜欢的是爸爸，还是妈妈？”这肯定不是一道送分题，有可能是一道送命题，特别是当着妈妈的面说更喜欢爸爸的时候。有情商的说法是“都喜欢”。当然，同样的答案还适用于家里的其他亲戚。

每个孩子小时候都会有自己的梦想和爱好，成年人担心孩子的梦想和爱好是否“正当”，是出于保护和关心，但这种保护和关心如果突破了限度就会走向极端，一个极端是变成溺爱，另一个极端是养出祸害，还有一种可能性是禁锢天性。

所以并不是对孩子的所有梦想和爱好都要支持，也不是对所有的梦想和爱好都不支持。我小时候的梦想是环游世界，爱好是参加夏令营。总之就是一个字——玩。好在我的父母有时候让我去，有

时候不让我去，这才让我对出去玩有了较为正确的认识，那就是出去玩是可以的，问题是怎么玩。

一直到我看了《鲁滨逊漂流记》，我才深刻地意识到：如果玩砸了，遭罪的只能是自己。

笛福与鲁滨逊

《鲁滨逊漂流记》的知名度高到吓人，几乎任何一个中小学生必读书单里都有它的身影，但并不是所有读者都能理解这本书的内涵和魅力，因为不是所有人都会流落荒岛。

要我说，英国作家丹尼尔·笛福笔下的鲁滨逊，自幼就是个“离家出走上瘾,屡教不改皮紧”的熊孩子。鲁滨逊最不想过平凡的生活，陆地拴不住他，只有广袤的大海才是他的梦想和归宿——可能他才是要称霸大海的男人。

在流落荒岛之前两次出海遭遇失败都没有吓倒鲁滨逊，他还是一而再再而三地挺身出海。估计是不知道有“事不过三”的魔咒，第三次出海，终于让鲁滨逊老实了——他被迫下榻一个荒岛。这一“被迫”就被迫了二三十年。

按照我国现行的法律，一个人失踪四年可以宣布死亡的话，鲁滨逊可以说死好几回了。

说起来鲁滨逊确实属于自作自受。他家里条件不错，虽不是大富大贵，也是中产阶级，既用不着天天下地干活，也不用操心功成名就，原本可以平静地过完这一生。而且鲁滨逊的父亲其实对儿子要求不高，没要求他成龙成凤。而是和很多父母一样，他希望儿子一生走的都是“平凡之路”。但鲁滨逊基本上算是个不肖子，他是家里三个儿子中最小的一个，大哥在战斗中阵亡，二哥离家出走，相当于在他家就他这一个孩子的时候，他流落荒岛了。

作者笛福在写作《鲁滨逊漂流记》时使用了第一人称叙述，全书都是“我怎么样，我如何如何”，给人感觉很真实，不像是在骗你，言语之中流露出真诚，字里行间传递出信任，像有个人在你眼前和耳边没完没了地讲着真实的遭遇，但事实上大部分都是作者虚构的。

鲁滨逊的梦想是出海，但他的梦想充满了不专业。

他不是职业船员，只有兴趣，没有经验。恰似一个孩子特别想当歌星，想去跳舞，但是他五音不全，四肢不协调，这样的梦想确实是“梦”，而且都是凭空“想”出来的。有梦想还想有奇迹，还是要靠学习。

很多人对某些事物不了解，但是还感兴趣，新鲜劲儿过去了，就不再感兴趣，甚至对曾经喜爱的事物恶心也成了一种常见现象。我有一段时间特别喜欢吃“金拱门”的薯条，天天吃，顿顿吃，突然有一天我恶心了，开始悔恨自己错过了别的美味，更悔恨自己“金拱门”一样的身材。有个成语叫“过犹不及”，说的就是当时的我和还没有流落荒岛的鲁滨逊这样的人，因为太年轻，没有自制力。

笛福在设定流落荒岛前的鲁滨逊的时候，给读者一种鲁滨逊并不喜欢航海，只是喜欢挣钱，或者不愿意在家里待着的感觉。因为在当时的欧洲，航海是最挣钱的事业，还不用回家，所以我们可以看到在鲁滨逊流落荒岛之前，失败了好几次，即便是中间出海失败被卖作奴隶了，回家之后甚至都决定打死也不出去了，可是过两天他又开始心里发痒，忍不住跑出去想来一场说走就走的旅行。

只可惜等待鲁滨逊的是一场说走也走不了的旅行。

关于鲁滨逊的几件趣事

阅读《鲁滨逊漂流记》，我有个很大的感受，本书的英文名字是 *The Life & Strange Surprising Adventures of Robinson Crusoe of York*，直译过来是“来自约克郡的鲁滨逊的一生和奇怪冒险”，但鲁滨逊的故事大部分都发生在荒岛上，他也没怎么漂流，为什么要翻译成“漂流记”呢？应该叫《荒岛求生之倒霉的鲁滨逊》或《倒霉的鲁滨逊荒岛求生记》才对。

但“漂流”二字不等于主动地出海航行，有一种被迫随波的感觉，可能是译者想表现流落荒岛的鲁滨逊被迫选择了这样的结果。

然而书里面的鲁滨逊到处表现出他的主动和斗争精神。

他一会儿是个农民，因为要开荒种地；一会儿是个渔夫，因为要撒网捕鱼；一会儿是个猎人，因为要林中狩猎；一会儿是个大夫，因为要自我医治；一会儿是个厨师，因为要养活自己；一会儿是个教师，因为要教化黑奴；一会儿是个泥瓦匠，因为要建造房屋；一会儿是个牧羊人，因为要获取羊毛；一会儿是个奴隶主，因为要战胜野人……但你看来看去，鲁滨逊就不是个出海的船员，因为他大部分的时间都没有出海。可以说鲁滨逊为了活下去，硬生生把自己逼成了曾经最不想成为的人。

上面这些技能并不是鲁滨逊与生俱来的，都是被荒岛上的艰苦生活逼出来的。据说孙中山先生有一句话叫“知识来源于冒险”，不知是不是看了这本书得到的启发。书中有一个细节是这样的，鲁滨逊一开始在荒岛生活，为了做一块木板，用了四十二天工夫，为了做一只独木舟用了两年时间，我刚开始看到这些还挺心疼他的，但一想到他这是自作自受，也就没有那么心疼了，毕竟这是获得知识的代价。

鲁滨逊流落的荒岛在现实中存在于南太平洋，在南美洲的智利以西不到七百公里的海上。因为本书，该岛还把原来的名字改为鲁滨逊·克鲁索岛，只可惜在2010年的时候智利发生了海啸，鲁滨逊的小岛被海啸蹂躏得千疮百孔。我们只能庆幸，好在鲁滨逊只是一个虚构的人物形象。

从书中的描写来看，鲁滨逊流落的荒岛略显怪异，一方面这个岛上可以看到企鹅；另一方面这个岛的气候并不紊乱——因为鲁滨逊的饼干吃了一年才吃完，当时的饼干应该没有很长的保质期，如果不是因为气候好，估计早就变质了。当然，也有可能是鲁滨逊的肠胃已经被改造得百毒不侵了。

等到鲁滨逊在岛上称王称霸之后（主要也是没有其他灵长类动

物与他竞争），他有点飘飘然，感觉整个小岛都是自己的，虽然这是事实；但鲁滨逊把自己当成岛上的国王和领主，感觉还是有点不害臊。有趣的是就在他刚上岛的时候，还因为在沙滩上看到一个脚印而吓得半死，好一个胆小的岛主。

“红”遍全球的鲁滨逊

18 世纪的英国特别流行写游记，这和英国当时在全世界范围的扩张是分不开的。但为什么丹尼尔·笛福的《鲁滨逊漂流记》这么红呢？它有怎样的创作背景呢？

有一种说法是，1704 年一个叫亚历山大的水手在出海时和船长发生了冲突，船长一气之下，把亚历山大扔到了一个荒岛，目的肯定是要置亚历山大于死地。结果水手亚历山大在山大的压力下不仅勇敢地活了下来，还独自在岛上生活了四年。笛福本人受到这个励志故事的启发，写出了《鲁滨逊漂流记》。

鲁滨逊计算他一共在岛上生活了 28 年 2 个月零 19 天，按说这个时间可不短，说明人类的生活还是需要相互依存的，独自生存充满不确定性和危险。很多人憧憬世外桃源，特别希望能流浪到一个自己说了算的地方，但鲁滨逊的故事告诉你，真给你一个荒岛，你也造不出一个天堂。鲁滨逊为了应对未知的危险，在自己的小岛上建造了一系列的防御工事，但我想这里面有个明显的问题：

鲁滨逊在流落荒岛的这些年里，很少洗脸洗澡，肯定蓬头垢面，那你说别人看到他，到底谁更害怕谁？

再说说丹尼尔·笛福，他是18世纪英国小说家。但是写小说不能算是他的主业，他这一辈子，当过商人、编辑、记者、政治评论家和旅行家，甚至还是政府的秘密情报员。所以也别怪鲁滨逊自己不安分，笛福本人就不是个安分的人。

而且，笛福差不多是快到花甲之年才开始写小说，也许是其他的事情也折腾不动了，开始动笔搞创作。

笛福的第一部作品就是这本《鲁滨逊漂流记》，其影响能有多大呢？有一种说法是这是除了《圣经》之外流传最广的作品。在世界各地有好几个版本的续集：瑞士有个作家写了《瑞士鲁滨逊漂流记》，加拿大有个作家写了《加拿大的鲁滨逊》，韩国有个作家写了《鲁滨逊野外生存大冒险》，还有写《太空鲁滨逊》的，看来鲁滨逊真是要飞上天和太阳肩并肩了，不知道之后还会不会有人写《银河系鲁滨逊》。

不仅如此，因为这个故事当时太火了，后面还有《鲁滨逊漂流记续集》，笛福创作了鲁滨逊环球旅行的故事，还是从北京出发，横穿西伯利亚到俄罗斯阿尔汉格尔斯克……但是像很多故事的续集一样——还是别看的好。

当代美国科幻作家安迪·威尔创作了一部流落到火星的书——《火星救援》，被人称为“现代太空版的鲁滨逊漂流记”。而我以为有点不太确切，《鲁滨逊漂流记》讲的是从现代社会返回农业社会，甚至奴隶社会的事，大部分的工作都是已知的，而《火星救援》讲的是从现代社会前往未来社会的事，大部分的工作都是未知的，真要比起来，鲁滨逊简直逊色太多了。

鲁滨逊的故事模式让我想起蒲松龄《聊斋志异》中的一篇，名为《夜叉国》，讲的也是一个商人出海的时候流落荒岛，遇到一群吃人的夜叉。商人凭借一身厨艺，在荒岛上独自生活十几年，最后逃跑了。如果笛福的灵感来源于真实的故事，那蒲松龄的灵感来源于什么呢？

作家都是魔术师

很多人看《鲁滨逊漂流记》，觉得鲁滨逊好厉害，一个人流落荒岛近三十年，活得风生水起，真是太励志了。

但是仔细想想，英国在完成了工业革命之后，对其他国家都做了些什么？其实和鲁滨逊性质差不多，都是跑到没有自己人的地方，把当地的风土人情同化成自己国家的风俗习惯。鲁滨逊降服了星期五，改造了小荒岛，传播了基督教，这不就是另一种形式的侵略小岛吗？

实际上鲁滨逊是个殖民者，小岛就是他的殖民地，书里面鲁滨逊把整个小岛都看成是自己的财产，而且在他看来是理所应当的。我们把“鲁滨逊”放大成当时的整个英国，其实是给侵略他国找借口——也许当时在大英帝国眼里，其他国家也只不过都是小荒岛，等着大英帝国过去开荒。

那鲁滨逊的故事为什么看上去没有那么不顺眼呢？

这是因为读者觉得这个小伙子真可怜，一不小心流落荒岛，随时可能去见上帝而不用祈祷上帝。但是没想到他活下来了，坚忍不拔，顽强不屈，这种好的品格难道不值得赞扬吗？

这就是作家的作用，活生生把一个殖民者的故事美化了。再举个例子，我们看鲁滨逊是怎么对待星期五的，虽然星期五是个野人，但也是个人。鲁滨逊救他的目的并非出于同情，而是觉得他有用，一开始处处提防星期五，给他起的“星期五”这个名字就是最好的证明。而且教星期五一开始说的英语都是“是”“不”“主人”等这类词汇，就是把星期五当成了一个奴隶。

我们再看星期五。星期五原来是野人，经过鲁滨逊一番改造，比英国人还英国人，连自己本来是谁都忘了，这不就是忘本吗？当然，吃人这种习惯还是忘了的好。可如果这事发生在其他国家，星期五其实就是打入敌人内部后被同化的叛徒了。

无论如何，丹尼尔·笛福还是给世界创造了一个前所未有的人物形象，即便旅行不能说走就走，但对于所有追求诗和远方的后来者来说，鲁滨逊就是荒岛黑夜里最明亮的灯塔。

微信扫描二维码，随时随地听好书

第三个星期五

《小王子》：不会画画的飞行员不是好作家

霹雳听书馆的“老顾客”其实年龄并不大，只不过是在这里听花生粥老师讲书的时间太长了，所以知道哪里的靠垫最舒服，哪里的视线可以看到花生粥老师右脸上的酒窝。

老顾客不老，新顾客很新。

刚放暑假总有很多游客涌向这座海滨城市，却很少有人能发现小巷里的听书馆。若非有闲情逸致漫步在花生大道，驻足在两所学校之间，霹雳听书馆不会出现在游客的必去清单上。

偶然间出现的新顾客是个大朋友，他看到“老顾客”可爱的大眼睛，问道：

“小朋友，你最喜欢读的书是哪一本啊？”

“别叫我小朋友，我都十岁了。”“老顾客”两手叉腰，气得一屁股坐在地上。

花生粥老师“扑哧”笑出声来，他走到“老顾客”身边蹲下身，从他屁股底下拽出一本《小王子》说：

“你不小了，但也不是很大，我给你讲一个不会画画的飞行员不是一个好作家的故事吧。”

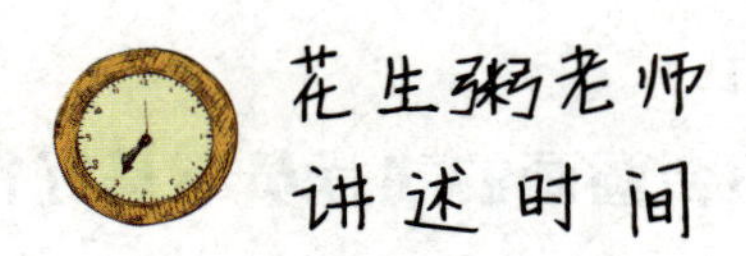

这本童话书不一样

“你最喜欢读的书是哪一本？”如果有人这么问，你该如何回答呢？

对于这个问题，如果你只有九岁，回答《红楼梦》——肯定没有人相信，但是回答《小王子》，完全可以；如果你已三十好几，回答《小蝌蚪找妈妈》——有人会觉得你幼稚，但是回答《小王子》，也完全可以；如果你已经九十岁了，回答《笠翁对韵》——有可能让人觉得怪怪的，但是回答《小王子》，还是完全可以的。

是的，《小王子》就是这样一本从九岁到九十岁都可以喜欢，并且可以反复阅读的童话。

大多数我们耳熟能详的童话其实用一句话就可以讲完，比如《灰姑娘》就是辛德瑞拉在仙女的帮助下战胜后妈嫁给王子的故事，《小红帽》就是在猎人的帮助下战胜大灰狼救出外婆的故事。也有另一种类型，比如《海的女儿》就是想变成人的人鱼最后失败的故事，《卖火柴的小女孩》就是梦想有一个温暖的家最后破灭的故事……

我们熟知的童话通常就是这两种路数：一种是正义战胜了邪

恶，但道路曲折，主人公要么贵人相助光环加持，要么自力更生上天保佑；一种是悲剧也有另一种美，勾起人内心的怜悯和同情，让读者学会珍惜，理解什么是幸福——看多了也觉得俗气，只不过看童话的多半都是孩子，俗气都是成年人的感受，孩子只喜欢让他们快乐的文字。

但《小王子》完全不是这两种路数的童话。作者的脑回路十分清奇，小王子的故事不仅用一句话讲不完，很可能再写一本书也讲不完。更清奇的是作者自己是这个童话故事里的一个人物，好比白雪公主用第一人称给你讲述毒苹果的口感有多么不一样，变成野兽的王子用第一人称告诉你遇到真命天女之后的内心起伏，本来是白天鹅的丑小鸭用第一人称告诉你小时候别的鸭对自己是如何爱搭不理，后来又高攀不起的……这种写童话的方式，想想就觉得刺激。

如果对《小王子》来一次手术刀式的改写，用小王子作为第一人称，那么他的星际穿越其实可以写成《宇宙流浪记》和《为爱走天涯》，地球只不过是他途经的一个加油站，我们无从知晓人类家园给他留下的印象是好还是不好，毕竟既有飞行员给他画羊的美好，也有小蛇咬了他的无奈。

不过小王子的地球方言是在哪个学校学的呢？作者是法国人，他俩交流要用法语，总不至于作者会用外星语言吧。

另类的作者和经典的形象

《小王子》的作者名字很长，安托万·德·圣-埃克苏佩里，一般外国人名字里有一个圆点已经很厉害了，如“儒勒·凡尔纳”“哈利·波特”这样的，圣-埃克苏佩里不仅有两个，还有个短线。但是和他的名字比起来，他的人生更奇特。

圣-埃克苏佩里是法国最早的一批飞行员之一，如果活到现在他应该超过一百一十岁了。为什么说“如果”呢？因为没有人知道他是否还活着。有一种说法是他在四十四岁那年的一次飞行中，直接开着飞机玩起了失踪——没有人知道他去了哪里，去干什么，是否还活着……仅就这一点，就给喜欢《小王子》的读者留下了无限遐想。

如果说这样的人生经历充满悬疑，那作为一名飞行员，他竟然写了《小王子》这部诗一样的童话，则更让人惊喜。也许这就是《小王子》的写作视角之所以是一个落难沙漠的飞行员的缘故，没有一点点防备，也没有一丝顾虑，小王子就这样出现在飞行员的世界里。有一点荒诞，但若不是飞行员，又有谁会迫降在沙漠里邂逅异星小王子呢？只有飞行员的身份才是这个故事最合理的开始，如同现在的科幻电影就是地球人流落到其他行星上才合理一般。

圣-埃克苏佩里还怕读者不相信这是一个他经历的“真实的”故事，特意给这本书配上了自己的手绘插图，你可以认为蛇吞大象像帽子的梗很冷，你可以质疑小王子的星球上怎么还有可以做饭的火山，你更可以因为宇宙旅行不画飞船而要给差评……但这确实是

一个会画画的想当作家的飞行员的奇思妙想。因为是给小朋友看的东西，所以才没有道理可讲。孩子只关注有没有趣，大人才关心合不合理。

小王子身上既没有人类的世故和圆滑，也没有年龄的羁绊和困扰。我以为这就是圣 - 埃克苏佩里想要摆脱的，他的笔下其实是我们的世界和小王子的世界交汇处的边缘地带，他恍惚之间游走其中，生怕读者朋友不知道或者遗忘了每个人都可能遇见小王子。

小王子的“小”与“大”

很多故事我们看了，忘了，最后也就算了。当你了解了作者的故事或者写作的背景，再看同一个故事，心态就不同了，好比同一个人穿不同的衣服你都觉得不一样，但不同的人穿同样的衣服你会觉得都一样。你的注意力放在人还是衣服上，说明了你阅读作品时是看重内核还是关心外在。不仅是“一千个读者就有一千个哈姆雷特”，经典作品是“看了一千遍会有一千种哈姆雷特”。

所以，不妨带着“啊，原来还能这样当飞行员”的心态来看待这部旷世童话。

请原谅我一直用“童话”来定性《小王子》，我以为童话是最不能用来分析的一种文学形式，特别是留下经典人物的童话故事。“白马王子”是童话故事里的人物，但是现在少有人记得这是安徒生在《白雪公主》里塑造的形象，因为白马王子的概念已经脱离了原来的故事；《小王子》也如此，作者凭空变出了一个象征纯净和天真的人物，来提醒我们别忘了还是小孩子时候的初心。

“小王子”的称谓在 20 世纪 90 年代的中国也算有特殊的含义，当时我国很多家庭都抗拒这样的称呼——我们把独生子女时代来临之后被惯坏的男孩叫作“小王子”，女孩则是“小公主”，更有甚者幼年登基，俨然是家里的“小皇帝”。但此类“小”主要是指年龄，意为年龄不大便养尊处优，宛如皇族后裔。

而这部童话里的小王子的“小”，恰恰不在于年龄，他个子很小，来自一个很小的星球，有一朵很小的玫瑰花……但“小”的特质并没有被作者去刻意放大，用现在的话说，“小”不是小王子的“人物设定”，《格列佛游记》里去大人国历险的格列佛和《安徒生童话》里的拇指姑娘的“小”才是。

圣 - 埃克苏佩里放大的是小王子的心，无论你是大是小，是高是矮，是胖是瘦，你的心和别人的没有什么不同！

飞行员在遇到小王子之后，小小的小王子就让飞行员给他画一只羊，当然，这也是小王子不太像是地球人的表现。刚一见面就向别人提要求的人现在被称为伸手党。

面对伸手党，我们的飞行员一下子懵了，可飞行员并不是个高冷的人，谁叫对方是个“王子”呢。随着他俩的相处，飞行员慢慢了解了小王子的经历，他看过了许多美景，终于明白了旅行的意义。

和很多惊讶于小王子的独特境遇的读者不同，我认为人们都忽

略了一个显而易见的事实——小王子明显是个外星人！而且他来自一个玫瑰花会说话、火山口能做饭的星球，他能到地球来，明摆着是能做星际旅行。

小王子去过不止一个星球，他见过没有臣民的国王，爱慕虚荣的自大鬼，只会数星星的商人，为喝酒感到羞愧的酒徒，不知道星球自转越来越快的点灯人和只会看书做研究的地质学家……在见过这么多奇怪的外星人并且讲给飞行员听之后，我们的飞行员居然把这个外星生命体、这个无价的科学研究对象——小王子——直接放跑了！难道不应该第一时间报警把他抓起来吗？地球上那么多问题等着移民其他星球解决，如此美妙的活标本应该让他留下来。若果真如此，那就不是童话，而是一个“邪恶”的视我们人类自己为中心的蠢梦了。

十岁的时候我不会想到这个问题，我以为小王子只是童话里的外星天使；三十岁的时候我想到这里，顿觉自己已经失去了该有的想象力，一如大多数三十多岁的成年人一样，不经意间油腻庸俗起来——而圣-埃克苏佩里显然不是，他笔下的小王子也不是，小王子的心里始终有他的玫瑰花。

每个人心里都有自己的小王子

小王子、飞行员、玫瑰花、狐狸、蛇……每个人在深入《小王子》这个童话世界的时候，很容易将自己带入到其中的某个形象或者某几个形象，最后成为他（们）的迷弟和迷妹。

我们有时候是小王子，因为赌气而离开，却隔断不了想念，踏遍宇宙未必是要去看看星空有多远，宇宙有多大，而是为了找到心中对于某些问题的答案。

我们有时候是飞行员，惊讶于周遭的不同，不时会哀叹命运不公和生活坎坷，无论自己迫降在哪里，都是遥远的他乡客，我们心底也有温暖的角落，但很难卸掉脸上的面具和身上的盔甲。

我们有时候是玫瑰，表面矜贵，实际脆弱。我们的娇贵是自己给自己贴上的标签，若无人浇水，无人关注，无人赞赏，那也只是开在遥远星球上的一朵野花。我们需要那个识破假象、不怕尖刺的人，如果不小心刺痛了对方，其实也刺痛了自己。

我们有时候是狐狸，可能一辈子也遇不到能够驯养我们的人，一辈子也没见过自己愿意跟随的人，不过是一只这里嗅嗅、那里闻闻渴求知己的动物。若侥幸相遇，却始终无缘，这才是最痛苦的邂逅。

我们有时候是蛇，有毒牙和毒液，但是只能蜿蜒爬行在阴暗的角落，以伤害无辜的人作为自己存在的证明；我们瞪着眼睛，吐着信子，生气时挺起头颅，即便自己没有什么道理。

……

作者写的哪里是别人，分明就是我们人类自己。

理解，是世界上很稀少的事

无论是给大人看，还是给小朋友看，童话故事就是要用看似不合逻辑不着边际的想象，去描摹一个我们谁都想去，但是又去不了

的世界。不然，我们不会觉得《灰姑娘》好看，因为水晶鞋太贵，丢了还不敢去捡；我们不会觉得《海的女儿》美丽，因为美人鱼根本就不存在；我们更不会觉得《小红帽》惊险刺激，因为你外婆长得像大灰狼你都看不出来才怪……

所以，当有些朋友表示看不懂《小王子》，不理解这部童话在说什么的时候，我都会慎重地告诉他们——其实，我有时候也怀疑自己是否看懂了《小王子》，怕自己失去了曾经单纯美好的童心和对星辰大海的想象。

如果成年人和孩子不能相互理解，那多半是成年人的问题，因为每个成年人都是从孩子成长过来的。如果说孩子不理解长大后的成人世界情有可原，那成年人理解不了孩子，多半是成年人忘了自己也曾经是个孩子这个事实，甚至有时耻于承认自己年少时的幼稚、错误和迷茫。但人的一切，恰是由过去的自己所铸就，遗忘过去，或者说因遗忘过去而失去对自己的了解，不能不说是一种悲哀。

可我依旧能够从小王子身上感受到一种纯真美好的情感，小王子爱他有缺点的玫瑰，小狐狸渴望成为小王子驯养的动物……即便是那条咬了小王子的蛇，也隐喻了生活中因为善良而带来的弱点。

这本书也可以理解为写给大朋友的“童年回忆录”，不同年代的人或许真有代沟，但当我们遇到代沟时，请不要对曾经的我们发脾气，因为大人都是从孩子走过来的，如果说理解，也应该是大人尽可能去理解孩子，孩子是不会突然理解大人的，除非他们成长为大人。

希望圣 - 埃克苏佩里开飞机去远方后，又能遇到小王子。

微信扫描二维码，随时随地听好书

第四个星期五

《福尔摩斯探案全集》：优秀不只是一种习惯，还是一种别人的习惯

一年中电影院最热的时候，就是暑假，和天气无关，只是放假了的学生都有时间从教室走进了放映厅。

一部电影可以让你专注两三个小时；一部好书可以让你专注你希望的无限时间。

从电影院走出来的福尔摩这样想。

听书馆里的孩子讨论着《名侦探柯南》新剧场版里黑衣人的犯罪手法，彼此说着自己最喜欢的侦探形象，争论着谁的战斗力更强，谁的智商更高。

拿起永远长不大的大侦探工藤新一的漫画，花生粥老师想了想，说：

“你们想不想听我最喜欢的侦探的故事呢？”

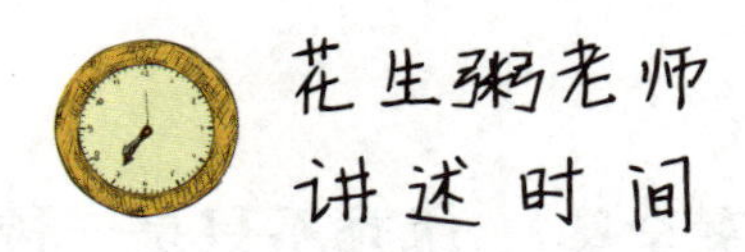

关于私家侦探的职业说明

我小学时最喜欢文学作品里的两个人物形象：一个中国猴，一个外国人。

中国猴自不必说，指的是《西游记》里的齐天大圣·弼马温·斗战胜佛·孙悟空，他是当时我所接触到的所有文学形象里最神通广大的。天宫可以大闹，白骨精可以三打。要是我能成为他，即使让我放弃“人类”的身份，我也乐意。

而这个外国人，则是英国作家阿瑟·柯南道尔笔下那个哪里死人去哪里的大侦探——夏洛克·福尔摩斯。我为什么喜欢福尔摩斯呢？与孙悟空不同，福尔摩斯靠智商碾压一切，尤其是他不管周围人内心感受的处事原则，真是酷毙了。在相当长一段时间里，我都将侦探作为自己的理想职业，虽然上了中学之后因为太胖而放弃了。

侦探这一工种，不像警察，不似军人，感觉像风一样自由，透露出一种随意和潇洒，再加上柯南道尔笔下的福尔摩斯还是位“推理大神”。因此当时我眼中最好的工作，就是当侦探。

可惜，后来我长大了。

作为侦探小说，柯南道尔和他笔下的福尔摩斯其实面临诸多神一样的对手。如果你看过阿加莎·克里斯蒂的《罗杰疑案》《尼罗

河上的惨案》和《东方快车谋杀案》,你会知道侦探小说圈里还有“波洛”这号人物。那为什么福尔摩斯能够最终杀出一条血路,成为“侦探”这一职业的代言人呢?

我认为主要有两个原因。

其一，柯南道尔选了华生医生的视角来写福尔摩斯，避免了完全用第一人称或者上帝视角的讲故事方法，既有参与感，也很奇特；如果侦探以第一人称给你讲怎么推理破案，除了会提早曝光逻辑和证据链条涉嫌剧透之外，还显得作者特别自恋。所以后来很多关于福尔摩斯的影视作品，除了福尔摩斯之外，华生这个人物的塑造也成为观众评价的重要因素。

其二，福尔摩斯的推理和他的性格浑然天成，理性如一台计算机，能解决问题，但是看上去没有什么人类的感情。这种优缺点都十分明显的人物特别招人喜欢，好比很多女生不喜欢班里学习最好的男孩子，往往更愿意关注有点另类的男孩子。福尔摩斯就是文学人物班里的颜值和智商担当，而情商则在平均分以下。

当你喜欢一个人，他在别人眼里的所有“不好”都会变成独特的魅力。若你厌弃一个人，他在别人心中的所有“优点”也只不过是尘世的庸俗。柯南道尔笔下的福尔摩斯就是这样，读者欣赏他某一方面的优秀，却接受不了身边真有这样一个大侦探。

福尔摩斯是一个私家侦探，“私家”的意思是自己当老板，自己给自己打工，收人钱财替人消灾。你交你的钱，我破我的案，疑难杂案解决了，我拿钱你安心，咱们两不相欠，也有能交到一两个朋友的，但真的不多。和你去治病情况差不多，只要不是常年治病，人们很难对给你动过一次手术的外科医生产生什么不一样的情感。

以福尔摩斯的能力素质，为什么不从事别的工作？答案是福尔摩斯太有个性——看不上别人。

在虚构世界的侦探俱乐部里，无论是阿加莎·克里斯蒂笔下的波洛，还是青山冈昌画了十年还没长大的工藤新一，都不如福尔摩斯有个性。福尔摩斯基本上算是人情世故一点不懂，专门给人挑毛病，没事就分析别人的隐私，对于自我高智商和行动力的欣赏毫不掩饰。在福尔摩斯的世界里，压根就没有“谦虚”和“客套”，效率才是第一位的。《名侦探柯南》的口号是“真相只有一个”，但这一点贯彻得最好的恰恰是福尔摩斯，因为在真相面前，其他什么都不重要。如果不是他的搭档华生医生忍耐力超强，估计福尔摩斯一个朋友都没有。

福尔摩斯这样的员工你敢要吗

如果让福尔摩斯下岗再就业，其实是个蛮有趣的话题。

找工作是一件既容易又困难的事。说容易是因为你只要喜欢，单位愿意要你，你就可以工作；困难在于有的工作你喜欢，但是人家不要你；有的是人家要你，可是你不想去。找工作最重要的一点是人职匹配，也就是你的个人能力和工作需求最好是对应的，最好是岗位需要你是个厨师，你就正好中餐西餐都有十年经验；单位希望你能写会讲，你就正好是作家加上主持人科班出身；领导要求你能修计算机，你就正好是美国常青藤名校海归，还在微软谷歌苹果公司都实习过。但这些都是以人的“能力”或“才华”作为主要依据，那人的主观“个性”该如何衡量呢?

我们以福尔摩斯为例，他有才华有个性，有能力有见地，但是除了私家侦探，他还能干什么?

第一种职业可能，福尔摩斯可以当老师。老师这个职业最重要的是要有知识，福尔摩斯本身对于化学、解剖学和法学都有很深入的了解，所以他最起码可以在学校里教化学、解剖学和法学，你看，这样一下子横跨三个学科的复合型人才还真不好找。对于用人单位来说，请了一个老师，解决了三个教职的需求，岂不美哉?老师教课需要有很强的逻辑性，福尔摩斯的逻辑性超强，肯定能把各种知识讲得头头是道。

然而，对于老师这个职业，福尔摩斯有个致命的缺点，那就是他受不了别人提出愚蠢的问题。试想，如果学生向他提了一个不合时宜的问题，他能忍住不去吐槽吗?福尔摩斯对学生还很没有耐心。老师这个工作需要对同一知识不断重复讲解，而福尔摩斯如此喜欢挑战，没有案子给他破就难受，显然老师的岗位有点过于无聊了。所以我们说福尔摩斯的能力可能适合当老师，但从态度上来说，够呛。

第二种职业可能，福尔摩斯可以成为科学家。福尔摩斯为了破案可以说是钻进了牛角尖的深处，这种钻研精神是成为科学家的必要条件。福尔摩斯都能为了得到个案件的结论没日没夜地抽打尸体，如果不是追求真理，那肯定就是变态了。福尔摩斯还出过一本专著，侦探出书一般来说应该是《你不可不知的破案秘籍》《谋杀谜案》《法眼识人》这种书名，但福尔摩斯这本专著和侦探行业听上去没有一毛钱关系——《养蜂实用手册：兼论隔离蜂王的研究》，也就是说福尔摩斯研究蜜蜂都出专著了，你说是不是很适合成为科学家？

值得一提的是，柯南道尔在1903年应读者要求在小说里“复活了”福尔摩斯。百年之后，2002年英国皇家化学协会居然授予了福尔摩斯荣誉院士的称号，真不知道英国人是怎样看待“院士”这个称号的，特别是那些真的院士，面对自己的虚拟同僚做何感想。

可福尔摩斯本人只是为了破案才去研究问题，如果是单纯为了科学发展，他应该没有什么动力，因为他连太阳系的中心是什么都不知道，可以说偏科得厉害，这样的人连考上大学估计都难，所以当科学家估计也没什么戏。当然，与其说福尔摩斯精通这些知识，倒不如说是柯南道尔自己有意识塑造这样一个天才，他所处的19世纪英国，已经是英国工业革命的顶点时期，也是大英帝国的全盛时期，此时的英国社会崇尚科学的力量并不奇怪。

第三种职业可能，福尔摩斯可以成为音乐家。在华生医生的回忆录里，福尔摩斯有个特别的爱好，那就是拉小提琴。小提琴可以说是演奏难度非常高的一种乐器，需要长时间的训练才能达到较高的水准。福尔摩斯拉小提琴肯定不像弹棉花，他的演奏应该有很高的“段位”，这一点华生医生可以作证，因为他们住在同一个屋檐下，如果拉得很难听，第一个受不了的就是华生医生。

现代的脑科学将人的左脑和右脑区别对待，认为左脑管理理性，右脑管理感性。对于福尔摩斯这个人物的塑造，柯南道尔可以说把一个人的艺术才能和逻辑才能，也就是人的左脑和右脑的功能开发到极致，然后融合到一个奇葩身上。

事实上，福尔摩斯也不愿意成为小提琴家，因为他拉小提琴只是为了放松，是让自己在破案遇到阻碍的时候换换脑子的行为。这让我想起我在读中学的时候，有一次临近期末考试，全班都觉得学习特别累，这时候我们班主任走进教室对大家说："同学们，我知道大家很疲惫，真的是非常辛苦。这样吧，我们一起换换脑子，大家放下手里的学科作业，换个学科学习一下，一会儿再回来做现在的作业……"那一刻，我理解了为什么福尔摩斯拉小提琴只是为了换换脑子，如果真让他以音乐家作为职业追求，还不如让他去当老师。

除了上面这三个职业，福尔摩斯高超的伪装技术还可以成为化妆师，出色的打斗能力还可以成为保镖，一米八三的大个儿和高鼻梁还能让他走上T型台当模特……有天赋的人似乎总是被上苍眷顾，干什么都行。但我觉得一定要干自己喜欢的事情，福尔摩斯就喜欢破解疑难案件，让他干别的也不太可能。

他是侦探这个职业的代言人

时至今日，福尔摩斯依旧是"侦探"题材文艺作品的必备背景知识，影视作品也好、文学作品也罢，这就好比谈论物理学绕不开牛顿和爱因斯坦，讲起中国哲学避不过老子和庄子一样，有这样的影响力，应该说是非常成功的人物形象塑造了。

从小说的角度看，福尔摩斯的侦探故事里，他的个人魅力远远超过案件本身。柯南道尔作为世界推理小说的三大宗师之一（另外两位是日本的松本清张和英国的阿加莎·克里斯蒂），与另外两位宗师不同的是他的全部作品基本都是围绕福尔摩斯这一人物展开的。在人物与情节之间，柯南道尔无疑紧紧把握住了前者，但情节设计上很快就被超越了。

在我看来，外国的侦探小说有一点像我国的武侠小说，主人公都有一点升级打怪、过关斩将的意思。侦探小说中一个个悬而未解的谜团，犹如武侠小说里一次次狭路相逢的对决，你明知道主人公肯定能解决问题，但还是忍不住为他们捏一把汗。大部分侦探小说都是读者一开始不知道真相，看到最后才恍然大悟，因此，一般看过一遍后很少会再看第二遍，因为你都知道答案了，问题是什么往往就不重要了。可福尔摩斯的探案故事不一样，似乎你总想知道他还有哪些绝招没有使出来。

通常侦探小说到最后都有一个真相大白的过程，作者设置的全部疑问会一一理顺讲清，连带找出凶手以便正义战胜邪恶，若非如此，那破不了案的侦探也就毫无魅力可言了。想明白这一点，对《名侦探柯南》等类似故事里的所有黑衣人和找出凶手的桥段，我一下子就释怀了。

关于福尔摩斯的故事，柯南道尔一生共写了五十六部短篇小说和四部长篇小说，其中大部分都是以华生医生的角度叙述的。从探案故事来看，最先问世的《血字的研究》发表于1887年的一本杂志上，三年后发表的《四签名》则将福尔摩斯从此推向神坛，随后柯南道尔写了六部短篇故事，更引发了全社会对福尔摩斯的关注。一直到1894年，估计柯南道尔实在想放弃了，就在《最后一案》中，让大众偶像福尔摩斯坠入深渊了。

现在想来，好在故事的结尾只是坠入深渊这一结果莫测的设定，否则在《空屋》的故事里，还真不好安排福尔摩斯“归来”。

微信扫描二维码，随时随地听好书

第五个星期五
《绿山墙的安妮》：熊孩子有时候就像沙尘暴

Marvin 最近遇到了一件难事，有个短头发的女孩子总在听书馆里“捣乱”，她上蹿下跳，弄得尘土飞扬。

也许是她总弄得屋里好像不干净，Marvin 给她起了个外号——霹雳沙尘暴。

这会儿，“霹雳沙尘暴”正在尝试通过跳跃够到上层书架上的那本《绿山墙的安妮》，几次不成功，反倒震掉几本其他书架上的书，似乎她才是修炼内功的武林高手，那本书就是她想要的《葵花宝典》。

花生粥老师怕她修炼神功走火入魔，于是推着梯子来到她身边，帮她取下这本《绿山墙的安妮》，微笑着对她说：

“熊孩子有时候就像沙尘暴。”

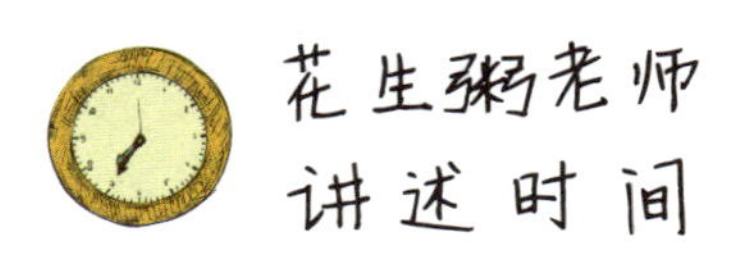

加拿大文学的一面旗帜

差不多七年前，我在给高三学生补习高考语文。当时在课堂上我饶有兴趣地带着同学们梳理文学史——从欧洲到北美，从亚洲到南美，不亦乐乎。

但很多同学一想到人类历史上有那么多作家，那么多作品，就觉得这个整理知识点的学习过程真是烦死了，尤其是高考语文文学常识有时候只有一道选择题的分数，不要也罢，不如省下时间去复习一下作文的模板，说不定就能用上。当然，更多这么想的同学也不会用这样省下来的时间去学其他，而是继续吃喝玩乐了，不学习的借口总有很多，学习的理由往往一个也找不到。

看到有的同学直接放弃，我心里嘀咕——要知道语文学科的魅力恰恰都在文学史里。不知道这一点的同学们啊，好东西肯定不那么容易得到，真知识必然不会在“模板”里出现。

于是我告诉这些同学，你不想学是因为记的方法不对。你们看到的文学常识就是“某国某作家的某部作品，在某种时代背景下写了某个人物的某些故事，代表了某种倾向，体现了某种感情，凸显了某种价值，引起了某种思考”，你想把这些“某某某”都换成你要的，然后一口气背下来，考试就齐活了。然而，这里面最值钱的就是“某某某”，其他的约等于一文不值。

要是单纯以国家为单位记作家作品，那难度确实太大了。世界上有一百九十九个国家，二十七个地区，作家作品灿若繁星，虽然有的是恒星有的是行星，但架不住数量太多，可谓寡不敌众，一颗小小的脑袋不可能装下那么多作家作品。那该如何是好？好在记忆都是有方法的，于是在课堂上就有了下面的问答。

我：“同学们，世界上有几大洲？”

同学们：“七大洲。”

我：“哦，哪七大洲？”

同学们：“亚洲，欧洲，北美洲，南美洲，大洋洲，非洲和南极洲。”

我：“你们学过南极洲文学吗？南极洲连人都没几个，企鹅也不写书，所以你不用背南极洲文学；你学过非洲文学吗？非洲你别说文学了，想吃上饭对于有些非洲人来说都困难，写东西的人没那么多，所以你也不用记非洲文学；大洋洲呢？除了澳大利亚就是新西兰，你听过这两个国家出口的文学家吗？所以你也可以当它不存在。你看，七大洲文学，一下子就剩下四个了，然后你再找软柿子捏捏，最软的就是北美洲了。因为北美洲就俩国家，美国和加拿大。”

接下来，同学们顿时感觉要学的东西好少……可实际上学习内容的总量没有变化。改变了记忆方法，一下子就简单多了。

每次讲到加拿大文学的时候，由于高考中没出现过，所以很多

同学在大脑中自动屏蔽掉了加拿大的文学作品。可是加拿大是那么大一个国家，肯定也会有一两部耐读的名著，通常我会讲这本《绿山墙的安妮》。

“话痨”孤女开启新生活

《绿山墙的安妮》的作者露西·莫德·蒙格玛丽是个挺奇特的作家，她和那些把自己关在屋子里一憋一整天也写不出一个字的人不太一样，她不憋。她喜欢一边做家务活一边构思书的内容，等灵感一来，便迅速从围裙里拿出一个小本开始拼命写，谁都拦不住，如同现在使用智能手机的人随时随地记录下语言文字一样。

我常常想，这部《绿山墙的安妮》的人物架构，说不定就是她打扫房屋墙皮的时候想出来的。

本书的主人公名为安妮·雪莉，出场就是个孤女。现代社会中对孤儿都有救济帮扶的机构，有的叫孤儿院，有的叫福利院，总之很多无父无母的孩子住在里面，其中有一些比较幸运的，会被好心人收养。

安妮的故事是从她被住在绿山墙的马修和玛丽拉这对兄妹收养开始的。马修和玛丽拉兄妹俩因为觉得自己年纪都不小了，没有人帮他们种地，想领养一个男孩回来帮着干活。他俩也不知道是怎么想的，没有去孤儿院亲自看看哪个孩子合适，而是请别人帮忙选一个，你说这又不是让别人帮着买菜，这可是带个孩子回来，完全应该亲自去挑挑。结果帮忙的人还真带回来个孩子，只不过其他信息都对上了，唯独孩子的性别给搞错了。

马修去接人的时候，在火车站转了半天，还寻思自己要的小男孩怎么没来。咦？这怎么有个红头发的小女孩？一问之下，气得简直要背过气去，这才发现说好的男孩变成了女孩，小女孩在这眼巴巴望着马修，马修想，到底领不领她回家呢？

所以安妮在书中甫一出场，就给马修和玛丽拉出了一个巨大的难题——到底要不要留下这样一个原本不想要的孩子。留下她？感觉小姑娘也不能干活；送她回去？难道不是对这个苦命孩子的二次伤害？本来孤苦伶仃的小姑娘就挺可怜，结果还因为性别而被拒绝，这不是把她往绝路上逼吗？于是心地善良的马修和玛丽拉就只好违背自己的初衷，留下了这个红头发的孤女安妮。

我小时候不理解什么是“绿山墙”,误以为是个地名,类似于“台北的 Marry”或“东北的马丽”中的“台北”“东北”，然而我没听说过加拿大还有这么个地方，书中安妮的故事发生在加拿大东部的一个大岛——爱德华王子岛上，这和“绿山墙”没有关系，难道是作者在逗我吗？

后来去翻找书名*Anne of Green Gables*里面的“Gables”意指何为，才意识到自己的建筑常识真是太少了。“山墙”其实就是墙，只不过这个墙是尖顶房屋的四面墙中两侧的墙，因为有个“尖”使得侧面看像“山”字，所以叫山墙。

所谓“绿山墙”只不过是“山墙是绿色”的意思，那山墙为什

么是绿色的？应该是爬满了爬山虎的原因吧。可见，不能先入为主地认识事物，个人的认识不一定是对的，因此对于“鱼香肉丝没有鱼”和“老婆饼里没有老婆”这样的事情我也释然了。

关于安妮不得不说的故事

对领养孩子来说，安妮的年龄不算小，十几岁了。这个年龄的孩子已经懂得了很多人情世故，领养这样的孩子对于家长来说有一定的风险，更何况安妮还有不同于其他孩子的诸多特点。

安妮的第一个特点是话痨。在火车站见到马修之后，安妮表现出自来熟，还不是那种“求求你，领养我”式的话痨，她控制不住自己，不知道沉默是金，在回绿山墙的马车上跟马修不停嘴地聊了一路。也是巧了，要是遇到脾气稍微有点孤僻的玛丽拉，那很可能恨不得找个针线把安妮的嘴给缝起来。但马修是当地出了名的内向不爱说话的人，他就喜欢安妮这种自己和自己都能聊上一天的性格，所以，我们能看到整本书里最疼爱安妮的就是马修了。

安妮除了是个话痨，第二个特点是胆子大！她敢作敢为，在书的前半部分行事比较鲁莽。本书不是一个岁月静好的故事，安妮特别能闯祸，岁月不静好。

书中有这样一个情节，有一次安妮的闺蜜黛安娜（听名字就有一种高贵的淑女气质）到她家里玩耍。朋友来做客，安妮自然要款待，于是拿出家里好吃的好喝的招待黛安娜。可能是因为太开心了，安妮错把家里的葡萄酒当成饮料给黛安娜喝了，刚开始喝的时候，黛安娜还说："哎呀妈呀，你家这饮料劲儿也太大了，不行不行，我得回家了。"但安妮特别好客，觉得好姐妹来一趟不容易，太早走这不是不给自己面子嘛，于是就拼命劝"饮料"。大有一种"喝完这一杯还有三杯"的感觉。

盛情难却，黛安娜也没多想，开始被动地"放飞"自己，在喝了好多"饮料"之后愉快地回家了——到家之后，酒劲儿上来，在家里开始撒酒疯！

黛安娜的妈妈因为这件事开始憎恶安妮，觉得这个本身就来路不明的红毛丫头把自己的宝贝闺女给带坏了。为什么她会这么想？因为当时加拿大还沿袭着英国的风俗，崇尚礼节，对于一个淑女来说，醉酒是大忌，还失态了。大家可以脑补一下黛安娜这个淑女喝醉了酒撒酒疯会是什么样，前一秒还静若处子，后一秒就醉如疯兔，而且还是在家里，你说黛安娜的妈妈能不崩溃吗？之后有一段时间就禁止黛安娜和安妮继续交往，以免近墨者黑。

朋友都没有隔夜的仇，但安妮可能是专门来绿山墙捣乱的，等到安妮和黛安娜重新玩到一起之后，她又闯祸了。

这一次场景是在黛安娜家里，两个小姑娘晚上一开始拿枕头互相打闹，彼此撕扯……随后，因为黛安娜家里比较宽敞，房间不少，也是玩得太尽兴了，安妮提议在房子里赛跑，看谁能先跑到客房里第一个跳到床上。黛安娜欣然同意——姐俩在客房里上演了《奔跑吧姐妹》，从走廊一路狂奔然后冲进客房一起跳到床上，不成想在全力冲刺、起跳之后——"嗷"的一声，吓坏了床上休息的人！

原来黛安娜的姑奶奶在床上。

可以想象一下，一位老太太到亲戚家串门，旅途劳顿，车船辛苦，刚一到家，倒头便睡，也是人之常情；没想到在客房里刚躺下，可能正是似睡非睡、半梦半醒之间，有俩小姑娘冲进来，“蹭”的一下跳到自己身上……这画面太美，但充满生活趣味。估计也是黛安娜姑奶奶身体倍儿好，吃饭倍儿香，胆子够大，要不非得吓出心脏病来。

类似故事在安妮身上发生了不计其数：比如安妮学校班级里有男同学取笑她，她就直接用板砖上去拍人家脑袋；跟同学打赌要不要在房顶上走，结果勇攀屋顶把自己摔成骨折；为了赶时髦把头发染成绿色，然后绿色开始掉色，结果只好戴帽子遮挡自己的头发……就是这些让人啼笑皆非的情节组成了这部《绿山墙的安妮》。

以现在的标准看，这个红毛丫头就是不折不扣的熊孩子，但我觉得她更像“沙尘暴”，远远看着就有危险，刮来之后更觉恐怖；倘若经过治理，则不会带来危害。而治理的法门，就是教育。

女大十八变

从某种角度来说，安妮是淑女教育的反面典型。然而，对女孩子就一定要教育成为“淑女”才是正确的吗？安妮的出现是对这种教育的反思。父母们似乎都喜欢女生优雅文静，其实这是“父母们喜欢”，而不是女生自己的选择。为什么女生就不能干练果敢，不能比男孩子还“纯爷们儿”一点呢？

读者很多时候分辨不清书中红头发的安妮究竟是不是女孩子，她独立倔强，想法独特，执行力强。随着故事的发展，她慢慢成为朋友和家人的依靠，当然，更多时候，她是她自己的依靠。

我常常想，露西·莫德·蒙格玛丽把安妮设定为一个孤女的形象，是不是在为她的独立和自强找一种逻辑上的自洽？如果不是过早地体悟了社会的晴雨冷暖，安妮会不会像绿山墙的其他女生一样，不过是个普普通通的“淑女”？然而“淑女”的故事不如安妮的故事来得有趣和刺激，一如我们更期待看的是花木兰这样和男生从军十几载“不知木兰是女郎”的故事。

本书的篇幅不小，越到后来越感觉女大十八变，长大后的安妮跟故事开始时的那个红毛丫头不一样了，更有分寸，更知轻重，但又没有失去本性里的纯真和善良。安妮最后以整个地区第一名的成绩考上了大学，却为了照顾已经孤身一人的玛丽拉而放弃自己深造的机会，选择当一名乡村教师，这使全书的情感得到了极大的升华。

安妮用自己的行动告诉我们，这个世界上还有比自己的前途更重要的东西，值得我们珍惜，那就是情感与责任。

《绿山墙的安妮》中有淡淡的时间流逝感，尽管主人公在不断地学习成长，可总会让读者先入为主地认为她还是那个在车站等待领养的红发小丫头，但不知不觉，这个红发小丫头用属于自己的嬗变给了万千读者无尽的温暖。回忆着安妮的故事，不时会在嘴角扬

起会心的微笑，仿佛我们也都曾经是那个爱闯祸的孩子。

每个孩子的成长都不能急于一时一地，阳光、水分、空气和土壤一样也不能少，静待流年，三分耕耘，七分等待，你们也会成为像安妮一样温暖的人。

微信扫描二维码，随时随地听好书

第六个星期五

《欧也妮·葛朗台》：讲真，你没见过这样的有钱人

“夏天的游客总是比其他季节更多，”Marvin 想不明白，“天气这么热，待在屋里吹空调不好吗？”

这世界上真正宝贵的东西，似乎都是无法用金钱衡量的——空气、水、健康和爱。

夏天的海风柔和了海洋独有的味道，吹走了花生大道漫步的游人的热闹，但并不是所有的人都愿意享受八月的海风，一如他们看不到真正宝贵的东西。

“哎呦，可算找到个有空调的地方……”一个娇滴滴的声音推门而入。

“能给我一瓶可乐吗，加冰的。”娇滴滴的声音继续着。

“抱歉，我们这里只有水。”Marvin 明显不喜欢娇滴滴。

“这有五毛钱，你出去给我买吧，外面热死我了。”娇滴滴的声音又增加了几个甜蜜的加号。

Marvin 看着浓妆艳抹、花枝招展的“娇滴滴”全是银行卡和现金的厚钱包，回头望了一眼花生粥老师，说：

“今天能讲个鬼故事吗？”

花生粥老师不知从哪里拿出一杯加了冰块的水递给娇滴滴。

“可以啊，不过我想先讲一个有钱的吝啬鬼的故事。”

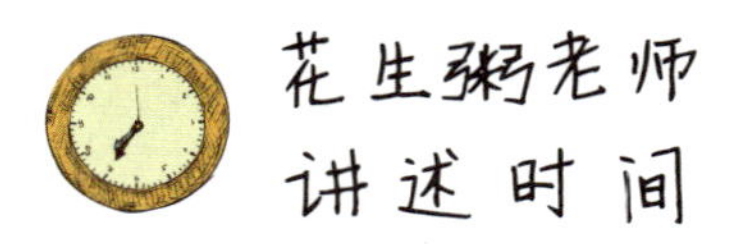

吝啬鬼里的“人气男团”

世界文学史上有四大著名的吝啬鬼：一个是英国作家莎士比亚《威尼斯商人》里的夏洛克，不像福尔摩斯那样喜欢破案，他喜欢放高利贷；一个是法国作家莫里哀《悭吝人》里的阿巴贡，他逼女儿嫁给有钱的老头，让儿子娶有钱的寡妇，属于除了钱六亲不认的人；一个是俄国作家果戈理《死魂灵》里的泼留希金，他有点类似《半夜鸡叫》里的地主周扒皮；还有一个就是法国著名现实主义作家巴尔扎克笔下的《欧也妮·葛朗台》中女主人公欧也妮的老爸——老葛朗台。

“四大吝啬鬼”的封号是谁封的不得而知,但他们四人的“封鬼”几乎毫无异议，得到了全世界文学爱好者的一致好评，并没有什么后来的吝啬鬼表示不满，非要和他们四个吝啬鬼争个你死我活，可见此封号的含金量是极高的——当然也说明他们是极吝啬的。

有人不明白什么是吝啬。吝啬就是“抠门儿”；什么是“抠门儿”？“抠门儿”就是小气；什么是“小气”？“小气”就是该花钱时不舍得花钱。所以吝啬的一个特质就是不舍得花钱，可这样的解释很难对应到四大吝啬鬼身上，因为没钱的人不舍得花钱，你总不至于说路边要饭的，天桥乞讨的也都吝啬吧！他们是贫穷，而吝啬鬼个个都是富人。

四大吝啬鬼讽刺的是那些明明有钱，明明可以慷慨，明明可以帮助别人，但是偏不这么做的人。

这样的人在我们国家叫作“铁公鸡”，还有个专门的歇后语“铁公鸡——一毛不拔”,我估计可能是因为“一角钱”也叫“一毛钱”,和“羽毛”谐音，所以把特别吝啬抠门儿的人叫作“铁公鸡”，再加上铁公鸡给人一种很凶恶很高冷的感觉，所以铁公鸡成了吝啬鬼的代名词。

如果四大吝啬鬼叫“四大铁公鸡”，你觉得怎么样？

文无第一，武无第二。抠门儿这件事，他们四个吝啬鬼比起来是否也有高下，其实也是个很有意思的话题。从这四个吝啬鬼的“生产者”来说，全都是欧洲人，来自三个国家四位文豪，横跨了四百年的时间，有种能看到欧洲历史缩影的感觉。其中泼留希金吝啬在他的迂腐顽固上，夏洛克吝啬在他的睚眦必报上，阿巴贡吝啬在他的多疑猜忌上，老葛朗台吝啬在他的阴险狡诈上，真是各有千秋，不遑多让。

不过有一点，老葛朗台可以完胜其他三个老家伙，那就是他抢戏的能力最强，《欧也妮·葛朗台》的主人公明明是欧也妮，但是读者不知不觉记住的却是老葛朗台。

我们都看错了老葛朗台

可我想讲的不是老葛朗台怎么吝啬，怎么省钱，怎么算计，我想给老葛朗台“翻翻案”，改变大家心中对于这个成功的农民企业

家的负面印象，还老葛朗台一个清白。老葛朗台顶着世界文学史上四大吝啬鬼形象之一的光环和头衔，很多读者往往只关注他是怎么抠了八唆地生活，完全无视他作为一个聪明绝顶的商人的优秀“商业头脑”。

第一，老葛朗台教女有方，阻止了女儿近亲结婚的可能。本书的主人公欧也妮·葛朗台女士是个乡下姑娘，拜他爹所赐，既没见过世面更没见过大钱，一直以为自己家里穷得叮当响。老葛朗台真是深入贯彻了无论男孩女孩都要“穷养”的教育理念，成功地教好了一个“富二代”。

老葛朗台特别疼爱自己的女儿，疼爱到什么地步呢？每年欧也妮过生日，老葛朗台都送给女儿一枚限量版的金币，让女儿保存着，过年的时候拿出来让老葛朗台看看，提醒全家人即便是在生日这一天也不要挥霍自己来之不易的财富。

因为“穷养”，欧也妮没有什么特别的见识，以至于第一次见到自己的堂哥查理·葛朗台居然就动心了，居然就一见钟情了，居然就一发不可收拾地爱上了他。这时候，她萌动的春心，被日理万机但心思缜密的老葛朗台洞察。老葛朗台成功地阻止了女儿和侄子的不伦之恋，把不正常的爱的火苗扼杀在了摇篮里。问世间又有多少家长通过女儿作息时间的改变就能发现她爱上了别人，并且狠心阻止孩子追求自己的爱情呢？这种心思和胆识不是一般人能有的，但是老葛朗台做到了。

第二，老葛朗台知人善任，看人很准。老葛朗台家的女仆人娜

依曾经是个孤苦无依的人，无亲无故流落到老葛朗台家所在的村镇。在别人都不看好娜依的时候，老葛朗台一眼就判断出，娜依是个手脚有力、吃苦耐劳、还很听话的女工。于是在娜依以后为葛朗台家工作的日子里，老葛朗台悉心培养，让娜依这个知恩图报的笨女人为葛家工作了一辈子，也付出了一辈子。

再者，老葛朗台一眼看穿侄子查理继承了葛家男人的基因，不像是个专情的人，所以一再阻止欧也妮和查理交往。事实上查理最终确实变了心，抛弃了欧也妮另寻新欢。

老葛朗台可以仅凭看别人的手和脚，甚至是样貌，判断出这个人是否能为我所用或者是否会到处拈花惹草。你说又有哪个领导者和家里的长辈能够做到这一点？

第三，老葛朗台从商有道，言而有信。巴尔扎克在《欧也妮•葛朗台》里写老葛朗台是当地的纳税大户。要知道偷税漏税可是逐利的商人不得不考虑的问题，但是作为出了名的吝啬鬼，老葛朗台居然从不偷逃税款，还是当地的纳税骨干、行业典型。如果每年都发锦旗，老葛朗台定能收集一整个屋子，你说这是不是为其他的商人做出了表率？

作为商人，他还特别关心当地的古建筑和古文化。他为了省钱，把修道院的门窗和彩绘的玻璃大窗全用砖封死了，他说这样有利于保存。你看看，这不就是在做慈善吗？而且作为农民企业家，老葛朗台说一不二，说关女儿禁闭就关禁闭，一点都不含糊，说不给侄子钱就不给侄子钱，从来都不犹豫，老葛朗台就有这种魄力。

第四，老葛朗台勤俭持家，从不炫富。作为当地小范围内的首富，老葛朗台家从表面上看家徒四壁，一贫如洗。天黑了连根蜡烛都舍不得点，喝咖啡连块糖都不能多放，每天家里的吃穿用度，老葛朗台要亲自过目，能自己干的活绝不假手他人，充分践行了我国小学生自幼年就被教育的“自己的事情自己做”的理念。

老葛朗台就是劳动致富勤俭持家的典范！老葛朗台的侄子查理来他家的头几日，根本想象不到这是身为当地首富的叔叔家应有的样子。别说查理了，就连老葛朗台的亲闺女——欧也妮·葛朗台也是在他爹死了以后，才知道自己家原来这么有钱，富得流油都形容不了，而是富得喷油了。可以说，老葛朗台有钱到连自己家人都不知道，算是到了一种境界。因此，老葛朗台才是真正的低调奢华有内涵。

当代社会，很多人最痛恨有钱人的一种行为就是炫富，老葛朗台从不炫富，全村的人都知道他是最有钱的（他家里人除外），但是他最怕别人知道自己有钱，怕给那些穷人造成求不出面积的心理阴影，这种为他人着想的精神，是不是特别值得我们学习？但即便如此，还是有很多人在背后嘲笑老葛朗台吝啬，这合理吗？这难道不是社会对老葛朗台的一种片面认识吗？

或许，只有真正的有钱人才知道挣钱是多么不容易，老葛朗台白手起家，他的每一分钱都是自己投机倒把挣来的，都是辛苦钱。这种得了便宜不卖乖，勤俭持家不炫富的品质，试问哪个商人能做到，并且让自己家里人也做到？老葛朗台就可以。

可怜的欧也妮

那老葛朗台的问题在哪里呢？上面说了他这么多的“好”，就真的好吗？

巴尔扎克不会平白无故送你一个惹人发笑的吝啬鬼，别忘了这本书的书名和主人公是欧也妮·葛朗台。想要了解老葛朗台的不合时宜及作者的讽刺手法，还是要在葛朗台家的大小姐欧也妮身上找答案。

要说通过写抠门儿而成为经典，还真不是一件难事，谁在生活中没有见过吝啬小气的铁公鸡呢？我认识的一个人，每天把移动电源带到单位充电，回家再用移动电源给自己全家人的手机充电，目的就是为了省家里的电费。这种操作令我大开眼界，但捧腹之余，也常常让我想起，适度必要的节俭，无伤大雅的计较与极度贪财的吝啬还是有本质区别的。

老葛朗台无疑是后者，当你的节俭和计较突破界限，已经达到伤害别人甚至触犯法律的地步，那就不仅仅是吝啬问题了。

欧也妮·葛朗台恰是老葛朗台这种观念下的牺牲品。无论是在书中，还是在影视作品里，欧也妮·葛朗台都隐藏了自己的富二代“体质”，她只是一个表面看上去的正常人，但她的不正常，恰恰是长年压抑天性，被老葛朗台的诸多规矩束缚住手脚的结果。她在“贫穷”之中学会了通过存钱的方式继续“贫穷”，并没有学到老葛朗台作为商人的敏锐精明及其管理经验；她在“忍受”之后懂得了通过沉默继续“忍受”，在接受命运和改变自己之间选择“有一种爱叫作放手”。

“贫穷”和“忍受”，就是老葛朗台给予欧也妮最大的“财富”。

故事的最后，欧也妮继承了老葛朗台的万贯家财，甚至还帮助负心的堂哥查理渡过难关。老葛朗台在世的时候，欧也妮什么都没有，老葛朗台离世了之后，欧也妮还是什么都没有。所以，对于老葛朗台来说，他的吝啬带来的最坏的后果，就是他的亲生女儿欧也妮·葛朗台的不快乐！

对比是很常见的写作手法，巴尔扎克也不例外，用欧也妮的抗争对抗老葛朗台的压迫，用欧也妮的追求自由映衬老葛朗台的苛刻制约。如果没有欧也妮·葛朗台的人物形象，老葛朗台不过是一个普通的抠门儿老财主，但如果没有老葛朗台，我们又怎么能知道快乐和幸福的难得？

说两句巴尔扎克

《欧也妮·葛朗台》中老葛朗台弥留之际有一段细节描写，大意是老葛朗台实在不行了，只有眼神还勉强透露出他还活着，但你在他的眼里完全看不出对女儿的愧疚和遗憾，完全看不出人之将死其言也善的转变，他的眼神死死地盯着神父手里镀金的十字架，用尽最后一丝气力要伸手去抓那个十字架。

我一直觉得巴尔扎克的这段描写力透纸背，表面上看表现了老葛朗台临死之际都没有忘记自己贪财吝啬的本性，还想着要抓住黄金，深层次的隐喻却是这个镀金的是“十字架”，它可以理解为信仰，象征着老葛朗台的信仰并不是救赎，只是金钱本身。

我不知道巴尔扎克本尊是否吝啬，从他在当时社会的非贵族阶级的出身，以及成年之后当过出版商和印刷厂厂长、负债过十万法郎来看，巴尔扎克也应该品尝过贫穷的滋味。

我也不知道巴尔扎克本人是否快乐，可能作家大多痛苦，快乐的人似乎没有心情诉诸笔端，尤其像巴尔扎克这样在“为了兴趣写作”“为了挣钱写作”和“为了继续挣钱写作”之间徘徊的作家，应该也是“痛并快乐着”的一种吧。巴尔扎克有时候像一头雄狮，快乐来自睥睨群雄，痛苦来自没有对手；有时候像一条蟒蛇，快乐来自吞噬猎物，痛苦来自难以消化；有时候像一匹骏马，快乐来自随性狂奔，痛苦来自马鞍围栏。

“没有一种快乐不来自无知。”巴尔扎克如是说。

第七个星期五
《简·爱》：你真的只是一个19世纪的新女性吗

霹雳听书馆开始请常来的孩子们自己带书签了，因为花生粥老师和Marvin都受不了崭新的图书被翻折起一角，更受不了看到个别孩子用食指蘸着口水去翻页。

听到这个消息，花生粥老师曾经的一个学生，给听书馆寄来了她自制的一百个木质书签，每个书签的背面都用工整的楷书写着她所喜爱的书中的话。

随书签寄过来的还有一封信，信里说她每读完一本书便会做一个书签，现在她的书架上已经有了一百本书，霹雳听书馆也多了一百个有分量的书签。

"花生粥老师以前讲课都讲什么啊？"Marvin一边看着书签上的文字一边问。

"主要还是给同学们讲讲怎么读书吧。"花生粥老师头也不抬地回答。

"那你会给同学们讲爱情吗？"Marvin停下了手里的工作。

"书中有爱就讲爱，书里有情就讲情，爱情也只是文学作品中的一种主题，如果你感兴趣，我可以给你讲一个19世纪新女性的爱情故事。"花生粥老师把《简·爱》递给了Marvin。

花生粥老师讲述时间

爱情长篇首选读物

我在刚当老师的时候很羞涩，远没有后来讲课的奔放与洒脱。彼时我说个段子怕有人崩溃，讲个故事怕有人反胃，教个知识怕有人不会，聊个新闻怕有人犯罪。

然而和这些东西比起来，我最不敢和同学们聊的主题就是爱情，为什么呢？因为当时我作为老师没有吃过猪肉，也没有看过猪跑。直到看过《简·爱》，才敢义无反顾地在西方文学的课堂上和同学们聊聊爱情，谈谈人生。

《简·爱》的故事女生要看，不然有可能会轻易相信油嘴滑舌的男生；男生更要看，不然你不知道新时期女生的想法有多少，不要相信什么“女孩的心思你别猜”，看了《简·爱》你就会明白。

《简·爱》从名字上会让人以为是“简单爱情”的缩略语，可实际上这是译名。主人公叫 Jane Eyre，翻译成中文是“简·爱”，“Jane”是英文里一个非常普通的女生名字，基本上能和我们国家的“翠花”和“小红”画等号。

很多人的人生中都会有第一本大部头名著的阅读体验，毕竟不可能从几万字的《小王子》读过之后，直接开始阅读上百万字

的文学名著，开始阅读超过三十万字的名著应该就算是一场耐心和兴趣的考验了。

但用哪一本书作为开始呢?

如果这本书选好了，那不仅可以培养阅读的兴趣，更可以锻炼沉下心来安静地做一件事的能力，所以如何读好这第一本大部头的书很关键。

洋洋洒洒数十万字的《简·爱》适合作为一部分读者的“百万字名著入门必备书”，虽然夏洛蒂·勃朗特的写作对象不是小读者，但若是想从大部头的阅读中不断地获得乐趣，那这本书是一种选择。当然，要想获得长时间、持续和愉悦的阅读体验，《西游记》和《水浒传》是更好的读物。

《简·爱》的风格特别适合想要寻找“人的一生”跨度的读者作为长篇名著的阅读初体验，在一两周的阅读时间里，能够从一个孩子的幼年读到他的成年，令人有恍如隔世之感，而夏洛蒂·勃朗特独特的写作视角，还赋予读者以置身旷野的孤独感。如果不是有点作者本人自传的性质，想要凭空写出“我的前半生”，而且还是经历了那么多波折的前半生，也是不易。

简·爱的解放

根据女主人公简·爱的人生阶段，这本书可以分成三部分：第一部分可以叫“灰姑娘不相信眼泪”，主要讲述了小时候失去父母成为孤女的简·爱像灰姑娘一样在家里受虐待的故事。但她和灰姑

娘的不同之处在于这不是童话，这就是残酷的现实生活——她没有水晶鞋，没有遇到王子。简·爱勇敢地和收养她的里德舅妈多次斗争到底,并最终被送到女子寄宿学校去了,简·爱管这个叫作“胜利”。

第二部分可以叫“霸道总裁爱上我”，主要是写离开了寄宿学校的简·爱跑到一个叫桑菲尔德的庄园当家庭教师，遇到了“霸道总裁”罗切斯特。整本书在这里画风一转，变成了集惊悚、悬疑和奇幻色彩于一体的城堡爱情故事，这也是全书最精彩的部分。

与现在流行的某种文体的风格一样，刚开始罗切斯特对简·爱也是爱搭不理，到最后发现自己竟然爱上了简·爱，而简·爱也爱上了英俊潇洒的罗切斯特，你说这不太巧了吗？你爱的人恰好也爱着你，还有比这更幸福的吗？但是照这个剧情发展就不是好故事了，因为这段感情目前不“虐”。

抓人眼球的部分出现在罗切斯特和简·爱两个人在教堂准备结婚的时候，罗切斯特他大舅子跳出来了，当场指出他们二人不能成婚——因为罗切斯特已经结过婚了，而且娶的是一个后来疯了的女人，并且这个疯女人还被罗切斯特一直藏在自己家里！

简·爱当场懵了，我觉得她看着罗切斯特时的内心戏应该分成这样几个层次：

一、什么？你已经结过婚了还向我求婚？

二、什么？你上一个结婚的对象已经疯了？你还把她藏在家里的阁楼上？

三、什么？你不仅想犯重婚罪，还想侮辱我的智商，你确定你

不是在逗我？

简·爱一气之下就净身出户了，虽然之前她也是一无所有。

故事自此进入第三部分，可以叫“一夜暴富之后我也让你高攀得起”。在这部分，简·爱遇到了后来才发现原来和自己是兄妹关系的圣约翰。

在简·爱突然之间继承了一大笔遗产之后，小说的画风又变了，变成圣约翰非要和简·爱结婚。要知道不久之前简·爱刚刚经历了犯重婚罪的可能，现在又要面对近亲结婚的尴尬，这么看来 19 世纪的英国，真比我们想象的要“开放”得多。不知道以此种情节设计见长的韩剧是否对夏洛蒂·勃朗特的作品也有过深入细致的研究，因为“明明相爱但就是不能在一起”恰好就是爱情故事最吸引人眼球的设定。

故事的结尾是这样的：简·爱最后发现自己还是爱着罗切斯特，于是离开了圣约翰。可当简·爱回到桑菲尔德，发现罗切斯特疯子一样的前妻已经烧毁了庄园，而罗切斯特不仅腿残废，眼还瞎了。

这时候简·爱又做出了令人大跌眼镜的决定，她选择此时和罗切斯特结婚，也就是说在罗切斯特拥有一切的时候，简·爱选择离开了他，在罗切斯特一无所有的时候，简·爱接纳了他。

如果这都不算爱，还有什么好悲哀？

夏洛蒂·勃朗特其人

按照现在的法律来看，无论是重婚，还是近亲结婚都是不被允许的。前文已述，《简·爱》这本书算是英国女作家夏洛蒂·勃朗特的自传体小说，也就是说，如果这都是根据她真实人生经历改编的话，那夏洛蒂本人的人生真是太精彩了。

我国文学史上著名的家族组团出道是有传统的，从“三曹”（曹操、曹丕、曹植），到“三苏”（苏洵、苏轼、苏辙），再到“三袁”（袁宗道、袁宏道、袁中道），似乎他们才是中国古代文人眼中的天团。可放眼世界，有此种基因的似乎只能找到“勃朗特三姐妹”一家，别无分号了。

“勃朗特三姐妹”里的大姐是《简·爱》的作者夏洛蒂·勃朗特，但勃朗特家并非只有三个女孩子，夏洛蒂上面还有两个姐姐，除了两个同为作家的妹妹——艾米莉和安妮之外，还有个弟弟。夏洛蒂五岁的时候没有了妈妈，她的父亲面对这么多孩子我想也是痛并快乐着，好在她父亲属于当时的高级知识分子，酷爱带孩子读书，还爱给孩子们讲故事，否则日后我们也看不到《简·爱》这么有深度的作品了。

可惜好景不长，一个爸爸想要带好这么多孩子的确难度太大了，这就是为什么夏洛蒂要进寄宿学校的原因——减轻她父亲生活上和精神上的压力。我们在《简·爱》第一部分读到的可怕的寄宿学校的校规极有可能就是夏洛蒂本人亲身经历过的，违反规定就要接受体罚，天气寒冷还要在外面步行，你说在这样恶劣的环境

下，孩子能健康成长吗？事实证明，夏洛蒂的大姐和二姐果然因为在寄宿学校不适应而染上疾病，不久离世了。从这段经历中，不难看出《简·爱》的故事里寄宿学校的基调都是灰暗和寒冷的原因，特别是作者安排了自己在寄宿学校的闺蜜海伦的因病离世，更让我们感觉寄宿学校的故事像极了一部惊悚片。

就夏洛蒂本人来说，好在她父亲及时把她接回家，否则很难判断夏洛蒂能否撑过去。等到夏洛蒂告别了恐怖的寄宿学校，没过几年，她也是个大姑娘了。

既然是大姑娘，就该帮不富裕的家里承担点开支。说起来夏洛蒂和她的两个妹妹没有什么特别的技能，只能通过当老师来解决生计问题。为了供弟弟妹妹上学，夏洛蒂不到二十岁就在自己曾经读过书的学校当老师了，后来离开了学校，当了家庭教师。这个桥段不仅像极了我国教育不发达地区的多子女家庭的情况，更在《简·爱》的故事里得到了反映。

彼时英国的家庭教师和我们印象中当代中国的家教差别很大，现在我们想请个家教都有正规的中介机构，有大把的在校大学生，甚至研究生供你挑选，只要费用合适。反过来说，对于想当家教的群体来说，选择的余地也是有的，距离太远可以不去，学生没有慧根可以不去，钱给得少可以不去，甚至觉得家长没有礼貌都可以拒绝。要知道夏洛蒂所处的19世纪早期的英国，家庭教师是有钱人家里才请得起的，而从事家庭教师职业的通常都不是有钱人，不同阶层的人之间难免有鄙视链存在，因此夏洛蒂的这段经历少不了打碎了牙齿往肚子里咽。

夏洛蒂和她笔下的简·爱一样，没有选择屈服与忍受，她参办过学校，没有成功；和两个妹妹合出诗集，也没有成功——有一种说法是只卖出了两本，好在出版诗集的失败没有打击她们三姐妹写小说的积极性，否则我们也看不到三姐妹在英国文坛大放异彩了。

夏洛蒂的创作之路并不是一帆风顺的，她刚开始向出版社投递的作品是一部叫《教师》的长篇小说，并且是和艾米莉的《呼啸山庄》、安妮的《艾格尼丝·格雷》一起寄给出版社的，然而只有夏洛蒂的作品被退稿了。

如果说三姐妹都被退稿了还好，毕竟都是姐妹，多少可以相互抚慰同病相怜，偏偏只有夏洛蒂的作品被退稿，真有一种被命运捉弄的感觉。

也许夏洛蒂是屡败屡战越挫越勇的个性，她被退稿之后就憋着一股劲，不到一年就给世界送上了《简·爱》这份礼物。自此，勃朗特三姐妹蜚声英国文坛，《简·爱》更是广受好评。

我每次想起夏洛蒂的一生和简·爱的故事，都会觉得简·爱的人生就是作者希望拥有的人生，因为简·爱最终得到了真爱，不是吗？

为什么说《简·爱》是女生必读书

《简·爱》这本书诞生之初便被大加赞扬，赞扬书中的女性意

识觉醒，赞扬简·爱的不屈抗争，当然，最重要的是告诉所有女生一个道理：做别人的公主和皇后，都不如好好学习，做自己的女王。

和妹妹艾米莉·勃朗特略显怪异的作品《呼啸山庄》不同，《简•爱》的人物和线索都不复杂，主题也很明确——作为一个女生，不屈从于社会既有的偏见和定位。现在看来，这主题真是俗套到家了。但对于当时的英国社会来说，追求独立是一回事，真正独立是另一回事。

19 世纪初英国女性是没有选举权的，女性的财产根本不受法律保护，直到 1883 年这种情况才被改变。这也不难理解，实际上现在还有很多地方都认为女性只是男性的附属品，别说财产权利了，连出门逛街可能都要和丈夫商量好几个月。

此时在英国的社会观念中，女性和男性相比体质更弱，无法承担高价值的工作，也不需要自立，有男人挣钱养家就好；女生也不需要貌美如花，能够操持家务就行。而对于那部分需要工作的女性，从事的也大都是无组织、低报酬的行业。所以，无论是夏洛蒂·勃朗特还是简·爱，当家庭教师也是情理之中但略显无奈的选择。

当你明白了 19 世纪英国社会男性和女性的生存状态，回过头来再看《简·爱》，那这本书就会慢慢散发出夺目的光彩。一个无依无靠的孤女敢于和收养她的家庭叫板，敢于和寄宿学校叫板，敢于和隐婚的大财主叫板……基本上敢于和阻碍自己独立的一切叫板，此种选材和立意即便不是破天荒，也是为数寥寥的。

以现在的眼光看，简·爱爱过的两个男人都不算是好男人，虽然他们也都爱着简·爱，但一个是差点犯了重婚罪，一个是差点让她近亲结婚。这个有趣的细节从另一个侧面映射出19世纪的女人不光工作难，连嫁人都难。

回到女主人公简·爱身上，不知道最初的翻译家为何选择这两个字给本书命名，现在想来很值得玩味。如此坎坷的人生中唯一的光亮是简·爱自己，一如我们每个人的未来都要寄托在自己身上，独立自强地选择的感情才是有尊严的感情。

《简·爱》恰恰说明——爱，没那么简单。

微信扫描二维码，随时随地听好书

第八个星期五

《苏菲的世界》：一本要玩跨界的另类文学名著

霹雳听书馆每日打开门窗换气的时间，一般也是接受各种大自然“馈赠”的时间。由于小巷深处绝佳的地理位置，被车风带起的，被海风吹来的，还有那些不知什么风“抽来”的纸张就会成为Marvin的眼中钉。

“少年登山培训班”的招生简章不偏不倚地落在福尔摩的皮鞋上，福尔摩拾起来放到Marvin手上。

“不客气。”福尔摩说。

“我可没有时间报一个我不需要的班，我并不胖。”Marvin似乎对自己的身材有些敏感。

“不，毕马温，我的意思是我帮你捡起来，省得你打扫了。”福尔摩没有给Marvin留面子。

“我扫或者不扫，垃圾都不会自己动起来，自己动起来的不是垃圾。”Marvin不甘示弱。

“我眼中的垃圾和你眼中的垃圾是不一样的，这就是我们的不同。”福尔摩更胜一筹。

花生粥老师觉得他们俩的话题可能不会有好的结果了，从书架上“文学类”和“哲学类”中间抽出一本《苏菲的世界》。

“我给你们俩讲一本跨界的书吧。”

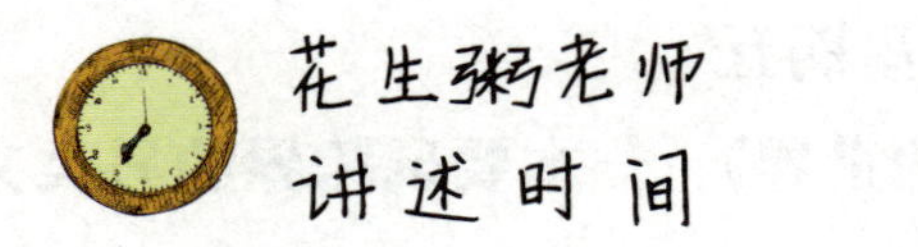

四不像

有这样一个和蝙蝠有关的寓言故事：蝙蝠搞不清自己到底属于家禽或鸟类，还是四条腿的走兽，因为蝙蝠既会飞，也有四条腿。蝙蝠看到作为鸟类有好处，就会跑过去说自己是鸟类，因为它会飞；当看到作为走兽有好处，就会跑过去说自己是走兽，因为它有四条腿。

没想到会飞的鸟类和地上跑的走兽之间爆发了战争。

鸟类胜利的时候，蝙蝠就出现在鸟类的地盘跟着庆祝，让鸟类看它的翅膀。等到下一次交锋结束，鸟类阵营失败，走兽团队胜利，蝙蝠又跑到走兽的地盘跟着庆祝，说自己和老鼠长得像……结果这场“空军”和“陆军”的对阵变成了持久战，鸟类和走兽互有胜负，蝙蝠也跳来跳去。直到最后鸟类和走兽双方休战握手言和——双方发现怎么有蝙蝠这样一个四不像还骑墙的家伙。因此，无论是飞禽还是走兽都不喜欢蝙蝠了，对它嗤之以鼻。蝙蝠没有办法，只好住到山洞里，从此选择在晚上活动。

这个寓言是用来解释蝙蝠的生活习性的，不足为信，你也可以认为是专门“黑”蝙蝠的，虽然蝙蝠已经很黑了。

讲这个寓言故事是要告诉大家，现在流行的“跨界”，蝙蝠很早就实践过，只不过玩砸了。蝙蝠想玩鸟类和走兽的跨界，现代很多人玩艺术和学术的跨界。学术界内部还有所谓的交叉学科，其实

也是跨界。

我认为有这样一本书的跨界跨得恰到好处，那就是《苏菲的世界》，这是一本哲学和文学跨界的书。

本书作者挪威作家乔思坦·贾德讲述其中哲学部分故事的时候，还是按照哲学史发展的顺序讲的。

跨界

《苏菲的世界》出版的时间是 1991 年，问世还不到三十年，和我们观念里被认为是经典的名著相比，这本书真是太年轻了。

乔思坦·贾德，别说你不熟悉，看《苏菲的世界》之前，我也没听说过，不仅他的名字会让人感到陌生，想必挪威这个国家的作家被人了解的都很少，比较出名的有《玩偶之家》和《人民公敌》的作者易卜生。乔思坦·贾德一开始在芬兰的大学里教授哲学，但是在 1991 年辞职了，专门在家里写书。有人说当大学老师不是很不错的工作吗？那我告诉你《苏菲的世界》光在欧洲就卖了三百万册，全球至少有三十个国家购买了这本书的版权，被翻译成四十多种语言，全球目前的销量超过三亿册，这是什么概念？这个概念就是——要是我，我也把工作辞了。

《苏菲的世界》，光听书名就会让很多人产生一种别样的美感，不知是否跟英文名“Sophie”和“soft”读音比较相似有关，让人产生联想。更有意思的是在中文里“苏菲”的名字也很美。只是苏菲在国外是再普通不过的名字了，就好像如果是我们中国人写的这本书，可能就叫《二丫的世界》或者《翠花的世界》。

为什么起这么一个普通人的名字作为这本书的书名呢?

我以为是乔思坦·贾德想表达——你觉得哲学离你很远吗?但是你错了!其实哲学的问题很普通，谁都可以去了解，弄明白。事实上哲学这门学科本身确实有难度，直接让读者阅读哲学书籍，特别是青少年读者，读不懂是一方面，读到“心态崩了”就不好了。

《苏菲的世界》的前300页，多数读者都是硬着头皮读完的，为什么说硬着头皮呢?因为很多读者一直在挠头，估计头发都挠掉了，只剩下了坚硬的头皮……可你还是不明白，常常扪心自问——这都写了些什么?

如果前300页你能明白在讲了这么多哲学故事之外，它的文学性体现在哪里的话,那你真是天资聪颖。对于要阅读或者已经阅读了，还没到300页的小读者,我其实有个不成熟的小建议:请先不要放弃，坚持到300页，你就会有一种“啊，这书还能这么写”的感觉。

前文已述,《苏菲的世界》算是跨界了，往少了说是跨了文学和哲学的界，往大了说是文史哲三个学科的界都跨了。本书哲学的部分我不敢置喙，但本书的文学部分我认为依旧精彩。

如果读者单纯想看《苏菲的世界》里文学故事这条主线的话，阅读的过程中可以跳过这本书的第4章、第5章、第7章、第9章、第18章、第19章、第20章、第21章、第25章、第27章、第28章、第29章、第30章和第31章。

可能有人会问，那还剩下几章了?其实我这还是保守计算的，如果你对哲学天然不感冒，那其他章节但凡你看到哲学家的名字都可以直接跳过。如果你不拒绝在讲故事的过程中给你讲讲康德的“位我上者，璀璨星空，道德律令，在我心中”，或者“苏格拉底之死”这种特别经典且被人讨论了很多遍的哲学掌故的话，上面的章节请一个都不要放过。

烧脑的“异次元”叙事

《苏菲的世界》前半部分的主人公——苏菲在某年某月某日收到了一封信，但这是一封奇怪的信，既没有抬头，也没有署名，这不很奇怪吗？

我们现在一般看到此类信件，第一反应就是——扔掉。但苏菲没扔，她还继续阅读这封“无名信”。而且这不是一次性的，自此以后总有人给她写信。当代的人其实很少写信了，在我上中学以前，写信还是一件很有意趣的事，现在我收到的最多的信件就是信用卡的催款单和寄错了地址的情书。

苏菲收到的信，都是给她上哲学课的信。可见苏菲是个多么爱学习的孩子，在学校里课没上够，还要通过免费的函授课程学习哲学知识，热爱学习到这种程度真是应该发一个奖章。但这还不是重点，重点是一直给他上函授课的寄信的“神秘人”——艾伯特。艾伯特最开始的时候也是神神秘秘藏着掖着的，等到苏菲好不容易找到他，真正开始跟他学习哲学的时候，《苏菲的世界》迎来了本书的重要转折——苏菲和艾伯特两个人发现——他们原来是一本书里的人物，并不是真人！

这个脑洞实在是太大了。

这是什么意思呢？就是我们平时读的书里的人物意识到自己是

别人写出来给别人看的了。可能还是有点绕，咱们解释一下。比如我们之前接触过的《骆驼祥子》里的祥子和虎妞，如果意识到自己是小说里的人物，意识到自己是虚构的人物，那他们可能就会这样跟老舍先生对话：

虎妞："老舍，你凭什么让我在第十几章的时候就死掉啊？我就不能再活个两三章吗？"

祥子："老舍大哥，能不能别让我学会抽大烟，我想再回到从前的日子里……"

这本身就是哲学的思维方式。

言归正传，既然苏菲和艾伯特在书里意识到了自己是虚构的人物，那又是谁在看这本《苏菲的世界》呢？

看苏菲和艾伯特故事的人叫希德——她才是这本书真正的女一号。《苏菲的世界》就是希德的爸爸给希德写的哲学故事。但问题又来了——希德不也是个虚构的人物吗？是的，希德也是作者乔思坦·贾德虚构的。所以这本书读到后来，你会一拍大腿，"哦，原来是乔思坦·贾德虚构的希德的爸爸为了希德虚构了苏菲的故事"。

这种写小说的方法，有点类似中国古代庄子"子非鱼"的典故。《庄子·秋水》里有这样一个看上去像是斗嘴、实际上是在斗脑的故事。

庄子与惠子游于濠梁之上。庄子曰："鯈鱼出游从容，是鱼乐也。"

惠子曰："子非鱼，安知鱼之乐？"庄子曰："子非我，安知我不知鱼之乐？"惠子曰："我非子，固不知子矣，子固非鱼也，子不知鱼之乐，全矣。"庄子曰："请循其本。子曰汝安知鱼乐云者，既已知吾知之而问我，我知之濠上也。"

这个典故的大意是，有一天庄子和惠子在一条叫濠水的桥上遛弯，估计也是觉得天有点蓝，日子有点慢。当他们二人看到水里这条鱼游来游去的时候，庄子就说："你看这鱼游得多开心啊"，惠子就说："你又不是鱼，你怎么知道鱼游得开心？"

乍一听很有道理，但你看看庄子怎么说。庄子特别傲娇和高冷，说："你不是我，你怎么知道我知不知道鱼游得开心还是不开心呢？"

惠子也不是个省油的灯，马上反击说："是，我不是你，我不知道你知不知道鱼快不快乐，但是你也不是鱼，你不是也不知道鱼快不快乐吗？"

就在我们觉得惠子赢了的时候，庄子使出了撒手锏。

"咱们从头捋一下思路，是你说的你怎么知道鱼快不快乐，你这么问就表明你已经知道了我知道了鱼的快乐，我就是在濠水上的桥上知道的……"

这个典故里到底是庄子说得对，还是惠子没错，恰好就是《苏菲的世界》解答的问题。

在《苏菲的世界》里，苏菲就像是桥下的鱼，希德就像是桥上的庄子或者惠子，而我们这些读者或者看故事的人，与看庄子、惠子争论的是同样一群人。

读，还是不读

我在本篇的题目里用了“另类”这个词，何为另类？无法归类。《苏菲的世界》便是我所理解的无法归类的作品，若归到小说的范畴，人物、情节、环境一个都不少，但其中关于西方哲学史的概述，知名哲学家的观点阐释，都使读者在用小说的思维阅读时频繁跳戏；若归到哲学教材或哲学史介绍里，那揭秘一般的故事发展又会让偏严肃的作品有了异样的文采。这好比数学教科书里正常讲述勾股定理的方法时突然变成了像动画片一样，虽然好看，但称为“教材”似乎并不合适。

事实上，上述归类的困境并没有影响《苏菲的世界》成为一部现象级的图书，管它是文学类还是哲学类，作者毕竟给我们展示了一个在文学中穿越西方哲学史的黑洞级脑洞，或者说是在哲学中插入故事情节的大胆尝试。

《苏菲的世界》就是一个独一无二的“类”。

在读这本书之前，相信很多读者并没有思考过诸如“我到底是谁”“我该如何存在”之类的问题，当然，读过之后可能也不会思考。对于大部分人来说，这些问题完全没有“我今天三顿饭吃什么”重要，但它们是从古至今东西方哲人始终在思考并追寻答案的问题。

有很多家长问过我关于读书的问题，其中我不太愿意回答的有这样一个——

某某书适合我的孩子阅读吗？

通常有此疑问的家长自己都没有看过某某书，其潜台词就是这本书在某些方面其实是不适合的。既然如此，为什么还会提出这个问题呢？答案就是：家长本身对于孩子的世界并不理解。

任何把作品中某部分内容与整部作品割裂开来看的做法都不利于读者对经典作品的完整理解。比如我们知道不能给孩子灌输暴力，但整部《水浒传》，一百零八个梁山好汉完全清白的几乎没有，更不要提其中武大郎、潘金莲和西门庆的桥段，犹如一场高级的都市伦理家庭闹剧，如此说来《水浒传》不应让孩子阅读；但《水浒传》的故事可是选进中学课本的，莫非我国语文教育工作者是在培养孩子的暴力倾向吗？

若说不适合阅读，《苏菲的世界》真能找到很多原因。

其一，定位不清，会让孩子既误解文学，又曲解哲学。

其二，用处不大，哲学知识以后再学习，现在用不上。

其三，难度不低，孩子想要啃下这本书，没有可能性。

……

这些也是我们拒绝了解新生事物的原因。但是我认为适合阅读的原因也很简单：

这不只是苏菲的世界、希德的世界，更是哲学的世界和我们的世界。

微信扫描二维码，随时随地听好书

第九个星期五

《红岩》：反派智商秀下限，聪明反被聪明误

花生大道旁的梧桐叶似乎厌倦了替驻足的行人遮挡烈日，这几天已经有了“罢工者”。炎热酷暑虽未褪去，开学的征兆却日渐明显。隔壁学校开学典礼的排练正在进行，今年发言的学生代表是听书馆的听众，不久之前还在向花生粥老师请教该怎么表达“用鲜血染红自己未来的青春”。

“……让明媚的阳光照耀我们的心灵，让我们的青春绽放鲜红的……”

花生粥老师没等听完这个句子，赶紧呷了一口茶。

“……踏着先烈的足印，扬起青春的风帆……”

花生粥老师一口茶还没咽下去，就喷了出来。

“把那本《红岩》拿给我，”花生粥老师擦擦嘴，对 Marvin 说，“今天我要讲一个鲜红的革命故事。”

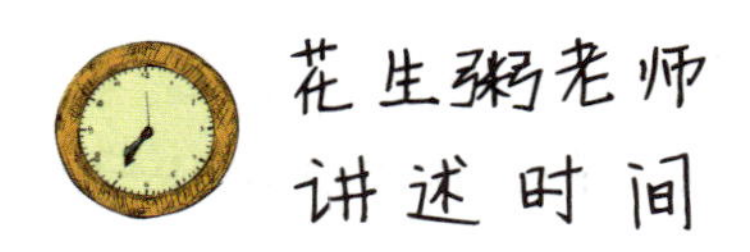

请收起对这本书的偏见

《红岩》有四十几万字，对于没读过大部头的同学来说听上去挺吓人，拿在手里也觉得厚，更不要说其沉重的主题了。但《红岩》也就是中国古代四大名著任何一本一半左右的阅读量，很多同学读不下去，并不是因为这是一本很厚的书，只是感觉到了它的厚重。

这是一本听名字不想读，但中高考要求读的名著。没有读过它不太会影响你考试，而一旦考了多半会送命，你会在考场抓耳挠腮回忆江姐、小萝卜头是不是这里面的人物。总之，这部名著读不读你都觉得很尴尬。

花生粥老师有一次外出讲座，讲到最后突发奇想问了在场几百名中学生一个问题——

“在座各位同学喜欢读《红岩》这本书吗？”

现场东南西北不同方位响彻一个声音“不喜欢”，似乎我问的是大家“喜不喜欢”考试一样。

然后我又请在座读过《红岩》的同学举手，只见一个女生慢慢地举起了手，正当我激动地要表扬她时，她环顾四周，用举起的手顺势捋了捋头发，低下头去。

没看过就知道自己不喜欢，这是先知，是预言家，是很多同学对于自己不喜欢的作品的一种态度。

这种判断显然是不对的，就像很多人一开始不喜欢吃榴梿是因为闻着臭，但吃了之后又觉得谁也拦不住他们追求榴梿的美味。为什么？因为“吃货”不看食物叫什么名字，只关注好不好吃。

同样，如果是个爱读书的孩子，不要因为名字或其他原因而错过一本又一本的好书。喜欢看《伪装者》这类地下党故事的话，还是不要错过《红岩》。而且，因为感觉一本书不好看而放弃阅读，那要错过的好东西实在太多了。

我也很理解有些同学不喜欢看《红岩》的原因，特别是读了几段颇具阶级斗争色彩的语言描写之后，读了几个过于高大上伟光正的人物形象塑造之后，读了几次反派基本没有智商的反革命行动之后——终于想要弃书了。当脑海中浮现起永远高昂着头颅的江姐英勇就义和脸色蜡黄的小萝卜头在监狱中煎熬的课文选段，你们对这本红色经典望而却步，我完全能够理解。

可如果大家以为《红岩》讲的就是民国地下党斗争版的《监狱风云》的话，那这本书你可能只看懂了一半。

要命的反派要了反派的命

《红岩》塑造了二十个左右正面革命人物形象。男一号许云峰，白公馆里挖地道；女一号江姐，渣滓洞中绣红旗；资产阶级革命代表刘思扬；集中营里开追悼会是为了龙光华；潜伏最深的是装疯卖傻的老头即双枪老太婆的先生华子良；偷印《挺进报》结果被发现的是成岗；最小的烈士小萝卜头原名宋振中——他的主要作用

是在监狱里以天真烂漫迷惑狱卒，暗地里给各位革命党人传递情报。

这些英雄人物除了名字不同，对于革命胜利的感情完全相同，如果你只是为了通过考试，那上面这段背下来基本上就达到要求了，但我想先和大家聊的是《红岩》里两个悲情的反派。

有的同学说，一般不都是悲情英雄吗？能用“悲情”形容反派吗？说他们“悲情”，是因为智商“感人”，和正面人物的智商不在一个数量级上。

最开始出现的也是全书中唯一一个弃明投暗，从正义的一方跳到反动一方的是叛徒甫志高，大家可以这样记住这个人和他的名字“杜甫志向很高”。

地下党在某个地区活动的时候，小范围的是据点，大范围的叫根据地。一开始甫志高是重庆地区的据点——沙坪书店的负责人，他的上级就是男一号许云峰。作为一个“先白后黑”的人物，甫志高其实输在了自己的智商上。

一个革命的据点是不是应该越低调越好，越没人注意到越好？但是甫志高偏不。一方面着急向组织表决心，另一方面又缺乏地下工作经验，导致他根本承担不了这个艰巨的任务。所谓地下党，是不能让别人看出来的，看出来就是“地上党”了。

总之，在甫志高的“努力”下，一来二去，沙坪书店作为据点暴露了，这一暴露不要紧，拔出萝卜带出泥，许云峰也暴露了。好在许云峰及时发现了情况异常——在他来书店视察的这天，书店里竟然一个正常的读者都没有——而最近介绍来的表面上积极，看上去根红苗正的郑克昌怎么就这么值得怀疑呢？

“哎呀，不好，书店暴露了，同志们赶紧转移！”许云峰料敌先机，让反动派扑了个空，在书店里一无所获，除了甫志高自己。有研究说是受了严刑拷打，甫志高才终于叛变的，但在书里没有交代严刑拷打这个细节……

一群反动派围着甫志高，后来许云峰被逮捕了。这还不算完，甫志高不光暴露了书店出卖了许云峰，江姐进渣滓洞也是他跑到川北地区诱捕的。诱捕过程中他被江姐识破了叛徒身份，但架不住对方人多，江姐双拳难敌四手，最终昂着高贵的头颅进了渣滓洞。

所以甫志高这个角色应该说是干啥都不行：当地下党暴露了据点；当英雄经不住拷问，出卖了许云峰；诱捕江姐，智商余额不足，还被识破了。这种角色即使进了反派的阵营，能被重用吗？

当然，要是从线索的角度来看，甫志高应该算灵魂人物。不过相比之下，更精彩、智商更让人着急的反派是前面提到的书店里的反派伪装者——郑克昌。

有这样一道考试选择题，“《红岩》里郑克昌一共伪装过几次？”答案选项分别是一次到四次。有的同学抱着试试看的态度，根据以往做选择题的经验——只选多的，不选对的——毅然决然地选择了四次，结果就错了，答案是三次。

与甫志高相比，郑克昌作为反派的可塑性更强一些，因为他会

进化。每次伪装失败后他都能从中吸取经验教训，以备下一次伪装，可以说屡败屡装。

第一次郑克昌伪装用的是本名，伪装成一名进步青年，企图通过潜伏在沙坪书店内部进而了解共产党的重庆工作安排。结果由于太年轻，演得太用力，留下很多痕迹，被许云峰识破。他从这一次失败中吸取的教训是——不能用本名伪装，应该用化名；而且不能伪装成下级，要伪装就要伪装成上级。

第二次，郑克昌伪装瞄准的目标是刘思扬。刘思扬是资本家家庭出身，虽然自己闹革命，但家里人都不闹，所以刘思扬被抓进渣滓洞之后又在家人的运作下被放了出来。像他这样的出身，在地下党人看来是有问题的。郑克昌瞄准了这一点，如同大灰狼要吃小红帽化装成她外婆一样，他虚拟了一个上级共产党的身份，代号“老朱”。老朱大晚上不睡觉跑到被软禁起来的刘思扬家，考验本身就对他身份有疑虑的刘思扬，软硬兼施想从这里套取情报，刘思扬开始相信，但慢慢觉得不对，这哥们怎么看怎么不像地下党，更像是国民党，于是将计就计虚与委蛇，让郑克昌又一次无功而返。这回郑克昌吸取的经验教训是不能这样不带伤痛地接近共产党人，吃得苦中苦，才能得到情报，还得让人相信自己。

第三次，郑克昌和三个学生混在一起，潜入了书中共产党人最多的地方——渣滓洞。他这回伪装成进步记者高邦晋，在渣滓洞里假装受到拷打，想获得地下工作者在渣滓洞的情况，可又被识破了。他这回比较惨，之前连一个地下党人都对付不了，如何对付一整个洞里的英雄人物呢？渣滓洞里的余新江瞅着高邦晋就不对劲，设计摆了他一道——余新江在口袋里藏了一张纸条，假装成国民党人与共产党人私相授受，然后一不“小心”，纸条被高邦晋发现，当天下午“被冤枉”的国民党人员就被审查了，高邦晋——郑克昌的第三次伪装也因此露馅了。

应该说《红岩》里正面人物形象的高大是由于反面角色的烘托，但反派人物的智商始终不在线，以至于烘托得正面人物有点招架不住。

《红岩》是如何“红”起来的

《红岩》的作者罗广斌和杨益言综合了很多历史人物的真实故事撰写了这部革命小说，实际上革命斗争过程要比本书展示的还要残酷和复杂——辣椒水，老虎凳，往指甲里钉竹签，喂食各种催眠药……这是现在的中小学生可以想象但无法体会的。

抛开历史上的斗争，从文学的角度来看，《红岩》在当代文学史上也有着浓墨重彩的一笔，曾经创造过八百万册发行量的奇迹，现在数量还在上升。

在没有电子书的年代，这本书能救活一个出版社。在20世纪六七十年代，《红岩》这本书红到什么程度？“为人不曾看《红岩》，热爱文学也枉然。”如果曹雪芹没有写出《红楼梦》，那“红学”很有可能就是研究《红岩》的学问。这本“红色经典”这么红的原因是什么呢？

首先，《红岩》出版在一个书籍相对匮乏的年代，盗版都还没怎么出现。当年的中共中央宣传部副部长曾经回忆他到西藏慰问边防部队的情景。和一个驻防在国境线上的连队指导员开座谈会时，领导问：“你们有什么困难要解决，有什么需要帮助的吗？”

一般来说这种时候都是要说缺水少粮，给我们战士点奖励，改善改善生活之类的，可指导员没有提出任何物质上的要求，只是对看不到《红岩》这本书比较介意，希望请中央领导帮忙解决。现在能达到这种影响力的书，估计是不太可能有了。

其次，《红岩》本身的特质正好符合了当时社会的某种需要，跟《小别离》《二胎时代》《蜗居》等电视剧反映了当下社会的特点一样。那个年代人们渴望了解革命斗争的艰辛过程，老虎凳是什么凳，辣椒水是什么水，总不能去亲自实践，完全靠文学作品来表现。从时机上来说，跟现在人们渴望了解中学生出国、开放二胎和房价高涨的性质差不多——赶上好时候了。

但是光赶上好时候还不行，还得好看。比如每年播出的电视剧很多，真正好看的没有几部。1961 年出版的长篇小说其实不少，《草原新史》《宽广的世界》《金色的秋天》《巨人的故事》《民兵爆炸队》《黎明时刻》……看这些书的名字，就带有一种浓浓的阶级斗争色彩。

那一年算上《红岩》有二十多本同类书籍，但是影响力最大的只有《红岩》。其他书籍，如果不是查资料，我连听都没听过。在那个年代同类型的文学作品里，说《红岩》鹤立鸡群可能不合适，但绝对是一枝独秀。

再次，时代的改变，改变不了一些事物的本质。图书的出版和发行都需要宣传造势，单凭口口相传效果太慢，酒香有时候也怕巷子深。出版《红岩》的出版社在当时有特别稳定的套路，跟现在成熟的经纪公司捧红一个艺人一样，得有卖点，得参加真人秀，得一直能刷存在感。

我们现在说一个明星怎么“红”,就是老有人说这个明星的话题，大家都在讨论她 / 他的作品、八卦，关心她 / 他的生活、绯闻，但这些多是有计划有准备的。难听一点叫“炒作”,好听一点叫“宣发”。

当时的出版社是怎么“宣发”《红岩》的呢?

比如先联系报社，请报纸登些精彩的段落和节选，好比歌星出了一首新歌，需要打榜一样，先让每天更新的报纸发发内容，再举行个座谈会，讨论下《红岩》为什么好，顺便再把座谈会的内容整理成录音在中央人民广播电台播放。

找几个名人写书评，制造一些观点让大家注意。评论家一发声，很容易就能引起重视，比如今天花生粥老师写了一篇文章，结果让美国总统看见，他公开夸了我一顿，本来不知道我的人也注意到我的文章了。

所以哪有什么命中注定的“红”,只不过都是站在巨人的肩膀上。

最后，如果想“红”，得有权威的机构背书站台。比如一个演员演技好，那拿过奥斯卡奖吗？说一个歌手唱功棒，那得过金曲奖吗？说一个笑星受大众欢迎，那上过春晚吗？在《红岩》的年代，

作为一部文学作品很重要的评价指标就是上没上过"两报一刊"——《人民日报》《文艺报》和《人民文学》月刊。

《人民文学》基本上就是文学圈子里的大拿，大家知道的《林海雪原》《创业史》，都被《人民文学》夸过。但是《红岩》在《人民文学》这里没有那么顺利，《红岩》有初稿之后被送到了《人民文学》，被评价为：文学性太差！五年后定稿又被送到《人民文学》，结果和五年前的评价一样：文学性太差！

被权威机构评价成这样，真是致命的打击，好像一个演员被奥斯卡评委说不会演戏，一个歌手被金曲奖同行认为是五音不全，一个笑星被春晚观众认为不会搞笑一样。

但俗话说得好，"墙内开花墙外香"，《人民文学》看不上，其他权威机构认可也没问题。《文艺报》的评论家就说《红岩》是1961年长篇小说里最值得向读者推荐的作品。这下有趣了，好像是一个演员总拿不到奥斯卡，但是金球奖拿到手软，一个歌手总没得金曲奖，但是拿过最佳歌手，一个笑星没上过央视春晚，但是上过好多地方台的春晚……越是这样"你爱我不爱，权威把你拒之门外"的争议作品往往就是要"红"的征兆，因为争论本身就是话题。萝卜白菜，各有所爱，谁说《人民文学》的审美就是唯一的审美呢？

讲这段故事是希望告诉大家能从《红岩》故事本身的情节中跳脱出来，思考文学作品和现实的差距。真正的地下党斗争与书里写的不一样，我们看到的故事情节又是经过筛选和加工后的，那我们为何还要阅读呢？

《红岩》这样的书正是连接我们这个时代精神和曾经革命斗争时代精神的桥梁，桥梁的作用是帮助我们通过，而不是让我们生活，桥梁上的车辆行人都是动态的，一如我们阅读的过程，并不是停在某一页的字里行间，抑或是某个情节，而是了解今天之所以成为今天的来之不易，铭记历史是为了我们更好地前行。

微信扫描二维码，随时随地听好书

第十个星期五

《水浒传》：严格说来，梁山好汉也可叫“复仇者联盟”

“花生粥老师，你喜欢《复仇者联盟》吗？”一手拎着锤子，一手举着盾牌的Marvin兴奋地打断了正在翻书的花生粥老师。

“赋愁者联盟？你是说李清照、李煜这几个人的组合吗？”花生粥老师头也不抬地说。

“啊？不是，是钢铁侠、美国队长、雷神、绿巨人和黑寡妇他们几个。”Marvin道。

“怎么，美国英雄也喜欢宋词吗？”花生粥老师笑眯眯地抬起头。

“不和你说了，你已经out了。”Marvin有点受伤。

“爱和恨都是非常激烈的情感，就像爱情是文学永恒的主题一样，复仇女神也眷恋着用文字传递人性中的某些特质。你真要想听“复仇者联盟”的故事，我倒是可以给你讲一部经典。”

花生粥老师爬上梯子，找出一套《水浒传》。

花生粥老师讲述时间

梁山不是你想上就能上的

《水浒传》别名“一百零五个男人和三个女人的故事”。

这个别名是怎么来的？答案是《水浒传》梁山一百零八条好汉里面有一百零五个是纯爷们儿，剩下三个是女性角色，所以是一百零五个男人和三个女人的故事。但这三个女性角色当中，可能也就一丈青扈三娘比较符合我们观念中的巾帼英雄的形象，剩下的母大虫顾大嫂和母夜叉孙二娘，看名字就知道是比男人还男人的狠角色。

《水浒传》中出名的女性都是潘金莲、阎婆惜、潘巧云这样专门给梁山好汉设置障碍的女人，所以施耐庵的《水浒传》是一部以写男性为主的章回体名著。

《水浒传》现在可以看到的版本有七十回、一百一十五回，还有一百二十回的，建议还没上高中的同学阅读到七十多回，即梁山好汉排好座次基本就可以了，后面的章节主要讲了梁山好汉是怎么解散的，怎么战死的，怎么各奔东西的，风格上稍微有些消极，特别是读一百二十回版本的话，你会知道到最后活下来的好汉都不到一半，并没有合家欢的大结局。

“逼上梁山”这个成语是从《水浒传》里面来的，但是成语这

种语言现象过于简略，这个四字成语最大的特点是缺少主语——谁上的梁山？似乎是梁山好汉上了梁山，但谁逼你上的梁山？这就能看出来这一百零五个男人和三个女人的构成了。

“逼上梁山”的好汉可以分成四类，分别是“朝廷逼你上梁山”“坏人逼你上梁山”“自己逼自己上梁山”和“梁山逼你上梁山”。

先来说说“朝廷逼你上梁山”。

典型代表是林冲。林冲外号“豹子头”，“豹头环眼，燕颔虎须，八尺长短身材”，善用丈八蛇矛，这个人物设定类似于《三国演义》里的猛张飞。是的，林冲这个人物是照着张飞的样子来的，但现在基本上没人把林冲和张飞画上等号。那他是怎么被朝廷逼上梁山的呢？

林冲是整部《水浒传》里最重要的人物之一，因为如果没有林冲上了梁山帮助晁盖、吴用火并了白衣秀士王伦，可能梁山到最后也没有宋江什么事了。

施耐庵写林冲用了很多笔墨，林冲的故事最符合“逼上梁山”的英雄套路，在他前面出场的好汉，史进和鲁智深不用说，都有自己“作死”的成分在，朱武他们几个少华山的强盗本身就是不正经的职业，但是林冲一出场就是八十万禁军教头。禁军，就是保卫皇帝的军队，禁军教头就是操练这些军队的长官，和史进他师父王进一个级别，连这样的人才都落草为寇了，可见当时朝廷官府的“逼迫”有多惨。

而且林冲和大反派——踢毽球全国冠军高俅高太尉正面硬扛过，因此他的重要程度，在整部《水浒传》都不可小觑。

林冲在《水浒传》的故事可以分成前后两个部分。在林冲媳妇没有被高衙内看上之前，林冲是个居家好男人，每天的工作就是陪媳妇逛逛街，买买刀，喝喝酒，练练兵；虽然是练武之人，但性格比较温顺，脾气也挺和善。而到后来竟然变成了一个杀人不眨眼的恶魔。这中间的过程，可以说是听者伤心，闻者落泪。

林冲的媳妇林娘子在逛街的时候被高俅的干儿子高衙内一眼相中并且想图谋不轨，林冲跑过来要揍他，非礼失败。中国有句俗话叫作“妻不如妾,妾不如偷,偷不如偷不着”,平时强抢民女的高衙内,因为得不到林娘子而害了病，这个病还不好治，因为这是相思病。惦记上人家媳妇了，这不是造孽吗?

还有更造孽的，高衙内这个别人看不出来病因的病让他手底下一个叫富安的给看出来了，他们联合了林冲的一个发小——陆虞候，前后设计了三条毒计，要先害死林冲，再霸占林娘子。

第一条毒计就是看准林冲的爱好，投其所好。林冲是习武之人，即便不是嗜刀如命，也会在打折的时候等着抢购大甩卖。好刀难得，遇上一柄不容易，这一天林冲和鲁智深逛街，遇到一个卖刀的，经过讨价还价，林冲以原价三分之一的价格买了一口好刀。这个刀就是陆虞候他们毒计的第一步。

第二步就是引诱林冲带着宝刀，以和高太尉切磋的名义进入军事重地白虎堂。呆萌的“豹子头”傻呵呵地因为带刀进了不该进的地方，被直接下狱开封府，照理说这也算是死罪，但明眼人一看就

知道比窦娥还冤。此时开封府里的长官虽然不是包青天，但是也还明理，最后饶了林冲一命，直接给他在脸上来了个文身，发配沧州。

正所谓一计不成又生一计，高太尉他们的第二条毒计属于因地制宜，借刀杀人。你林冲不是发配到沧州去了吗？这一路上戴着枷锁，经常会经过什么荒山野岭、悬崖山涧，总之就是杀了也没有人知道的地方。

陆虞候用十两金子买通了押送林冲的两个工作人员——这俩人还挺出名的——一个叫董超一个叫薛霸，这回是押送林冲，后来还押送过卢俊义。

这俩哥们一路上就想着寻摸个地方结果了林冲，找到个前不着村后不着店的野猪林准备下手，被半路杀出来的鲁智深给阻止了。本来鲁智深想直接干掉董超、薛霸，但是林冲心善，想着自己只不过是发配沧州，没有什么罪过，没有杀过人，这要是董超、薛霸死了，那自己就真的不清白了，可见林冲此时还很天真，想要害你的人不会因为你的善良而停止对你的伤害，只会变本加厉。这一回林冲又捡回来一命。

等林冲到了沧州之后，由于小旋风柴进柴大官人这个富二代的关系，开始在牢里没受什么迫害，和差拨之类的监狱工作人员关系处得都还行。但董超和薛霸还是要回东京的，这一回东京，高太尉他们肯定知道了接连两条毒计都害不死林冲，只好放出最后的大招——陆虞候带着富安亲自赶往沧州谋害林冲，用上了第三条毒计。

第三条毒计还稍微复杂点。首先就是要把差拨收买了，这一步其实特别容易，给钱就行。然后是给林冲调岗，这里要说明一下，发配到外地的罪人是要干活的，罪犯林冲被调到草料场里当看守去了。草料场就是堆积着大量公家草料的场子，让林冲看草料场，也是挺大的责任，因为都是国有资产。

陆虞候如果不是心眼歹毒，光是脑子也不简单。他们想让林冲看这个草料场，找个晚上一把火把草料场烧了，最好是直接烧死林冲一了百了，烧不死也是林冲失职，拿来问罪一样是死。

可谋事在人，成事在天。林冲是将来梁山泊好汉里排第六位的天雄星，能死在这里吗？

无巧不成书，陆虞候他们动手的那天晚上，林冲发现草厅因为被大雪压塌了，跑到附近的山神庙里过夜。半夜时分林冲突然看见草料场着火了，于是赶紧起身救火，因为他深知草料场乃自己职责所在，万一有闪失自己吃不了兜着走。正要往外跑，林冲遇到了陆虞候他们仨——像《名侦探柯南》里所有的凶手在真相大白前会把所有的计谋讲一遍，生怕别人不知道他们多聪明一样——在山神庙门口炫耀这个谋害林冲的计策。这仨人不知道林冲就在山神庙里头待着，聊着聊着就把所有计策和盘托出了。

本来林冲还不至于发狂，但是听到他们把害他的经过讲得这么清楚时，性格再好如他也受不了，林冲拿着枪和刀就从庙里冲出来，把三人给收拾了。

自此林冲才算是正式踏上了犯罪的道路，一去不回头。正所谓

“风雪山神庙”，表面上写的是天气有风有雪，实际上是施耐庵告诉你经过这一夜风雪，林冲彻底成为“豹子头”，黑化到底了。

我们后来再看林冲上梁山的时候人家让他杀人交投名状，他一口答应，真有点破罐子破摔的感觉。为了晁盖他们上梁山砍了王伦也是连眼睛也不带眨一下，这前后的改变可谓脱胎换骨，只不过是变成反贼的“胎”和“骨”了。如果你说梁山上最恨高俅的人是谁，林冲说第二,没人能说第一。俗话说,兔子急了咬人,更别说这是“豹子头”了。

梁山第一倒霉蛋

再来说说“坏人逼你上梁山”。我选的代表人物是青面兽杨志。

杨志出身不一般，他是杨家将的后代，出场配置也是当官的料。可他最厉害的称谓应该是——梁山好汉中的第一倒霉蛋。

杨志要比林冲更倒霉,林冲的倒霉,是命犯小人,属于无妄之灾。杨志不一样，他的前半生真是写满了悲剧。

首先，从颜值上来看，杨志的长相在梁山一百零八条好汉里属于吓人类型的，因为他自一生下来，脸上就有一大块青色的胎记，所以才叫青面兽。胎记只要不长在脸上，长哪儿都可以，但杨志的胎记偏就长在脸上。

其次，杨志是个孤独症患者，纯粹的孤家寡人，他连个亲戚都没有，出了事只能自己扛着。林冲还有娘子一心对他，有柴进大官人给钱给东西，即便是到了梁山被王伦穿了小鞋，也是一刀就给杀了，也算痛快。可杨志“叫天天不应，叫地地不灵”的次数实在太多，在他遇到花和尚鲁智深之前，可以说连个朋友都没有。

最后，杨志命不好，算是“时运不济，命途多舛”，上梁山之前遇到的几乎没有一个好人。杨志本来在东京担任一个小官，叫制使，是朝廷派出去办事的业务员。宋徽宗要盖万岁山，需要大量好看的石头，于是派了十个制使去外地往回运，这是“花石纲事件”，杨志是十个制使之一，其他九个制使都按时回来交差，唯独杨志失败了。他在运花石纲过黄河的时候，花石纲掉河里了。要有一两个和他一样的制使也行，问题是就你办事不力，是不是很倒霉？

杨志的倒霉主要体现在“卖刀”这件事上。林冲因为高俅买的刀，杨志因为高俅卖的刀，都没有什么好下场，真是“英雄末路当磨折”。

那个时候没有什么淘宝买家秀，不能在网上直接挂东西卖。为了生计，杨志只好站在天桥上喊：“卖刀，卖刀，好刀，卖刀。”他遇到了东京一个泼皮无赖牛二，一看名字就知道这种人在电视剧里可能都活不过半集。

牛二看见杨志卖刀，遂问刀的价格。杨志说三千贯（和林冲买的刀要价是一样的），且不接受砍价。牛二说“凭什么卖这么贵”，杨志说“这刀有三个好处，一个是削铁如泥，一个是吹毛断发，一个是杀人不见血”。牛二作为消费者，提出了自己合理的质疑，请杨志证明没有虚假宣传。

于是杨志先砍了一摞铜钱，证明削铁如泥，在刀刃上吹断了几

根头发。牛二一看，好家伙，这刀真不错，但是他没钱，于是开始耍无赖。说：“你还没演示杀人不见血呢？你杀个人我看看。”

杨志一下生气了，坚决不卖。没想到牛二要上来抢刀，一来二去，杨志就把牛二捅死了。捅死之后请周围看热闹的做证——大家看好，这刀没有血，我这是诚信经营，绝对没有欺骗消费者——那当然了，牛二都被捅死了——杨志倒霉起来，连喝凉水都塞牙，卖个刀还能变成杀人凶手。

但这都是为后面他搞丢生辰纲做铺垫，正所谓爬得越高摔得越疼。杨志失手杀人后辗转进入大名府梁中书手下办事，这期间还算过了一段好日子。梁中书是靠着媳妇家的势力上位的朝廷命官，而他媳妇是京城太师蔡京的女儿，也就是说梁中书是太师的女婿。梁中书比较赏识杨志，慢慢提拔了他。

时光荏苒。老丈人蔡京过生日，梁中书买了十万贯的生日礼物，就是后来的生辰纲。梁中书在手下中挑了半天，决定让杨志去一趟东京，给老丈人送礼。

杨志押送生辰纲的结果大家也知道——又丢了。不光丢了，还被人陷害是杨志和强盗沆瀣一气合伙干的，你说杨志倒不倒霉？抢劫杨志生辰纲的不是别人，正是以后梁山的扛把子——晁盖、吴用和公孙胜他们几个，严格来说杨志的前途算是被这些人给毁了，后来杨志还跑到梁山落草为寇，只好在他们几个排名之后，也不晓得他心理阴影的面积有多大。

坐收渔人之利的晁天王

“自己逼自己上梁山”是什么情况呢？其实就是智取了杨志生辰纲的晁盖等人，他们不以抢劫他人财物为耻，反以劫富济贫为荣。

我专门查了一下，宋朝的刑罚基本上还是沿用了唐朝鞭笞、流放、徒刑、杖刑、死刑五种。按道理讲，抢劫他人财物罪不至死，不过他们抢的可是要送给京城蔡京的礼物，这在宋朝人眼里基本就等于太岁头上动土——挣钱不要命；而且他们抢了生辰纲之后还不消停，赚钱之后不知怎么花，被人告发了。幸亏有宋江给他们通风报信，他们才选择主动上梁山。

从杨志开始，《水浒传》已经进入了“复仇者联盟”的时代，其中最重要的大事件，就是杨志押送的生辰纲被以晁盖为首的犯罪团伙给劫走了。晁盖可以说是打下水泊梁山的基业，但还没来得及享受革命果实就被射死了的非一百零八好汉。

为什么说晁盖不是一百零八好汉？那是因为到梁山好汉排座次的时候他已经中箭身亡，还没来得及看到兄弟们打下的江山，就成了烈士。当然，晁盖不死，宋江这个黑又矮的家伙根本无法立即上位。

综观整部《水浒传》，晁盖的仗义疏财是真仗义，而宋江的仁义忠厚多少有点收买人心的意味。晁盖最大的特点是人缘好，人缘好的前提是他有钱，江湖上来投奔他的人，他都帮忙，不挑不拣，所以江湖上的朋友都给他面子，有好事也想着他。有人会说“这有

什么，我朋友有好事也想着我”，但是这和晁天王的性质不一样。

第一，晁盖的朋友没有见过晁盖，光听名声就敢给晁天王找事儿；第二，找晁天王的好事是抢劫生辰纲。

本来晁盖就是为村里抢一座隔壁村子镇妖的铁塔玩玩，慕名而来的赤发鬼刘唐投奔了晁盖，跟他说了杨志要押送生辰纲的事，此时他们和杨志还不认识，要是认识的话，我想还不好下手了。

晁盖为什么会对抢劫这件事动心？闲得无聊可能是一个原因，更直接的原因是这笔买卖实在太值钱。更深层次的原因是在好汉们看来，这笔钱属于不义之财，是梁中书搜刮民脂民膏得来的——他就是给老丈人过生日送礼物，结果花出去十万贯，可见当时的官员腐败到什么程度。

抢劫生辰纲成功之后，晁盖他们几个还美滋滋的，觉得自己的计划天衣无缝，但是天底下就没有不透风的墙，他们太低估宋朝政府高级官员的能耐了。

在听说了生日礼物被抢走之后，太师蔡京和女婿梁中书都怒了，各自给当地官员写了一封信施压，意思是赶紧把这些强盗抓起来。这相当于中央政府和地方政府两层上级的指示，当地工作人员一时压力比梁山都大。

话分两头，前面说晁盖是仗义疏财，所以江湖上的朋友都特别听他的。但就晁盖本身而言，计谋不如智多星吴用，用兵不如入云龙公孙胜，权谋不如及时雨宋江……他厉害的地方在于这些有本事的人都愿意被他领导，不能将兵但能将将，所以说晁盖就是有那个时代江湖上最可怕的力量——天生的领导力。

抢劫生辰纲的事情败露之后，晁盖面临两大难题，一是怎么逃跑，二是跑到哪里。但是这两个问题都有朋友帮他解决。

第一个帮晁盖的是最先得到抓捕晁盖消息的、梁山最终的扛把子宋江。宋江属于山东郓城县里的公务人员，职务是押司。押司负责县里的文案工作，算是半个法律工作者。宋江和晁盖是铁哥们，当他知道自己的好兄弟被通缉了之后，在国家法律和兄弟感情之间毅然选择了后者，知法犯法。正是他走漏了消息，给了晁盖他们逃跑的时间。

第二个帮晁盖的是地方都头。都头就是地方上管管治安、抓抓坏人的低级军官，一个叫朱仝，因为胡子长得好看，人称美髯公；一个叫雷横，因为弹跳力惊人，所以叫插翅虎。他们是抓捕晁盖的一线人员，平时就和晁盖玩得好，送送东西，喝喝小酒什么的，在他们得知要抓的人是晁盖之后，睁一只眼闭一只眼就让晁盖逃跑了。

第三个帮晁盖的是先前雪夜上梁山的“豹子头”林冲。本来梁山上的老大是王伦，但是他小心眼，也有可能因为根本不是天罡地煞，没有上天保佑，所以施耐庵就把这个哥们儿写得特别不堪，林冲上山的时候，他看林冲有能耐，怕抢了自己的饭碗，不让林冲留下。这回一看，一下子来了七个好汉。怎么办？老办法——不让晁盖他们留下来。

这就相当于晁盖他们这个拿着抢来的钱的小团伙，想要入股梁山泊打家劫舍股份有限公司，但公司的 CEO 王伦害怕自己将来在公司里说了不算，死活不同意。林冲不干了，自从开启了杀人模式后，他杀人跟砍瓜切菜一般。林冲心想："王伦你个王八蛋，老子当时上山的时候你就不让，现在眼瞅着公司有做大做强的机会，你居然因为自己的小心眼而错过，你看我怎么收拾你……"于是林冲在王伦要让晁盖他们离开的时候，一刀捅死了王伦，还推举晁盖做了梁山的老大。

晁盖一分钱没花，直接成为梁山泊打家劫舍股份有限公司的新任 CEO。在他的带领下，梁山凭着眼下的十一条好汉，开始不断地给宋朝政府搞事情，从一小撮犯罪分子，成长为超级犯罪集团。

河北三绝的无奈

我们再来讲讲很不人道的"梁山逼你上梁山"的情况。

"梁山逼你上梁山"指的是已经在山上的好汉通过各种方法让本来不想上山的好汉落草为寇。没有办法，企业发展最大的问题就是缺乏人才，而梁山遇到人才短缺问题怎么办？就是想方设法给弄过来。

最典型的代表就是玉麒麟卢俊义。卢俊义可能是《水浒传》里的高富帅"男神级"好汉了，他武艺高强，被称为"河北三绝"，连他的跟班——浪子燕青，都属于当时的一线男星，卢俊义的颜值和武功可想而知。

这样一个看上去没啥弱点的人，愣是被梁山好汉看上了，搁现在就是想把一个公务员培养成强盗的感觉。梁山好汉利用了卢俊义封建迷信的心理及卢俊义媳妇和管家有不正当关系这一点。

此役梁山泊先是派吴用和李逵假装算命先生跑到卢俊义家里，在墙上涂鸦了一首造反的藏头诗。然后在卢俊义途经梁山的时候将其软禁在山上，随后把他的管家李固放走。李固不是个好人，他为了霸占卢俊义的家产和媳妇，买通了铁臂膊蔡福和一枝花蔡庆，想把从梁山跑回来的卢俊义杀掉。但千算万算算漏了蔡福和蔡庆是卢俊义的粉丝这一情况，因此才引出了梁山好汉三打大名府救了卢俊义这些桥段。

所以说卢俊义是怎么上的梁山？都是梁山逼他上的梁山。

高俅可不是写着玩的

最后我想聊一下《水浒传》里的反派 boss 代表——高俅。

高俅高太尉在当上大官之前的人生前二十年，可以说是不务正业，跟街边的地痞小流氓差不多。施耐庵在写高俅这个人的时候说他是个“破落户子弟”，意思是家里没人管，没有家教。

中国讲究孝道。忠孝不分家，对国家得忠诚，对父母得孝顺，否则当不了大官。如果你对父母不孝，那你就有可能对国家不忠。所以为什么《水浒传》最后把高俅写成最大的反派，是因为施耐庵推崇梁山好汉的忠义，那你说他们的反面肯定是不忠不孝了。别看施耐庵随便写写高俅的出身，就那么两三行，几十个字，但是背后暗含的道理就是好汉为什么要造反，是因为朝中当官的人不忠不孝。

高俅在家里排行老二，所以叫高二，他吹弹歌舞，刺枪使棒，相扑玩耍样样精通。但什么不精通呢？仁义礼智，信行忠良。用现在话说是“好的你不学，净学这些没用的”，但怎么说高俅也算是天赋异禀。有些人对某些事，比如踢毽球，光有兴趣还不行，还得玩得好，高俅就属于这种有兴趣还玩得好的；但是玩得好还不够，还得有机遇，反正高俅就等着机遇，从一个街边无赖，一跃成为政治明星，自己把名字从高二改成了高俅。

没成名之前的高俅经历坎坷，他要是有机会上现在的选秀节目，也能一把鼻涕一把泪地讲述自己的心路历程和曾经的梦想。

高俅的人生大概是这样，因为在东京犯了事混不下去，他跑到外地一个叫作柳世权的哥们儿家里。当时流行有权有势的人养几个门客——就是家里的帮闲，相当于家奴、家仆，平时做杂役，出谋划策，关键时刻替主人挺身而出。高俅在人家家里一住就是三年。

三年之后赶上皇帝大赦天下，高俅屁颠屁颠跑回生他养他的地方。临走柳世权还给写了他封推荐信，让高俅找一个朋友叫董将仕的。从此，高俅的人生就开始走向高峰了。

高俅来到董将仕府上之后，董将仕不想留他，于是就写推荐信把高俅推荐到小苏学士府上。小苏学士和董将仕想法一致，于是他也写了一封信，推荐高俅到小王督太尉府上了。这个小王督太尉可不简单，书中把他写为哲宗皇帝的妹夫、神宗皇帝的驸马。

高俅运气来了挡都挡不住。

小王督太尉有一次过生日，在府里请来了小舅端王，端王就是后来的宋徽宗，梁山好汉闹事主要就发生在他当皇帝的时候。

当时端王还不知自己要当皇帝，在小王督太尉府看上了点古玩之类的，小王督太尉差高俅改天给送到小舅端王府上。

高俅不是善于踢毽球吗？水平估计属于民间足球队的绝对主力，他到端王府时，正赶上端王自己的毽球俱乐部社团活动，一个毽球好巧不巧地从天而降，如同一个大馅饼一样落到高俅面前。

高俅这么多年踢毽球的积累,就等着这一脚。他使出了一招“鸳鸯拐”，花生粥老师不知道是个什么招数，反正小舅端王看了之后赞不绝口。就因为这临门一脚踢得好，高俅从此咸鱼翻身，成为端王也就是后来宋徽宗的玩伴了。

咱们来理一下高俅升官的轨迹，从小苏学士，到小王督太尉，再到小舅端王，都是“小”字辈的，说明施耐庵从内心深处看不上这些当官的人，尤其是后来宋徽宗还对高俅委以重任，可见当时任命一个官员是多么随意，长此以往，你还能怪梁山好汉造反吗？

后来高俅可以说权倾朝野，一部《水浒传》，一百零八条好汉有很多人的笔墨都不如高俅，有的好汉甚至连自己的章节都没有，而这个大坏蛋居然有这么长一章，并非施耐庵偏爱这个人物，而是考虑到如果没有高俅，可能也不会有梁山好汉的“复仇者联盟”。

细想想，梁山好汉违反了相当多的法律法规，那我们推崇梁山好汉的什么精神呢？无非“忠”“义”二字，对国家和家庭忠诚，对兄弟和朋友仁义，换言之，如果连落草为寇的犯罪分子都知道忠义，那自诩忠义的所谓正人君子的颜面何存？

微信扫描二维码，随时随地听好书

第十一个星期五

《三国演义》：权力真的不是一场游戏

花生大道中段的花生图书城落成的时候没有剪彩，没有花篮，安安静静地挂了一块牌匾，不声不响地等待着读者光临。

这是三年前的事情，三年来一直如一潭死水般地平静。

但这个新学期不一样了，花生图书城仿佛一夜之间热闹起来。鱼贯涌入的家长空手走进，带着一堆练习题满载而归，脸上挂着似乎已经拿到哈佛、耶鲁、剑桥、牛津录取通知书似的微笑。

“图书城新来的老板把门店全部翻新了一遍，还有免费的咖啡和点心，新学期大促销，满二百减三十，真是跟跳楼大减价没区别了，你说你也不打打折，咱们现在多冷清？”Marvin 有点失落。

“你知道隔壁花生小学和花生中学的图书室和图书馆都是什么样的吗？”花生粥老师并没有生气。

“没去过。”

“孩子们有这么多地方可选择，你不觉得是件好事吗？”

“但孩子们不愿意选我们了，你开心？”

“听书馆只留给那些真心喜欢读书的孩子，”花生粥老师拿出一本《三国演义》，“天下大势，分久必合，合久必分，没有什么是一成不变的，今天讲这一本吧。”

花生粥老师讲述时间

“老不看三国”有没有道理

俗话说,“少不看‘西游’,老不看‘三国’”; 也有说,“少不看‘水浒’, 老不看‘三国’”; 还有说,“少不看‘红楼’, 老不看‘三国’”。

我一直觉得这些俗话是那些自己不学习, 还想忽悠别人不看书的人搞出来的顺口溜, 听上去有点道理, 其实不然。

小的时候不看“西游”, 可能是怕走火入魔到处找唐僧肉吃; 小的时候不看“水浒”, 可能是怕崇尚武力去替天行道; 小的时候不看“红楼”, 可能是怕早恋影响学习。

但是这顺口溜似乎有一个共识, 那就是上了年纪的人不能看“三国”。怕上了年纪的人看了之后, 学会老谋深算, 去算计别人。可如果少年时就看了“三国”, 那老了之后会不会更加有能力算计别人呢? 因为有几十年的时间可以实践。

如果说罗贯中的《三国演义》是中国版的《权力的游戏》, 那玩游戏的是“魏、蜀、吴”的三大主公。最受爱戴的估计就是刘备了。

刘备是《三国演义》里的“香饽饽”, 谁都喜欢刘备, 当然在刘备还不构成威胁的时候。

刘备为什么是香饽饽? 首先刘备长得就不是一般人, 双耳垂肩,两手过膝，耳朵大到什么程度？眼睛能“自顾其耳”，也就是说自己能看见自己的耳朵。脑补一下刘备的长相，无论如何都不会觉得他是个高颜值的帅哥。可人们偏偏对形貌怪异的人有特殊的喜好，都觉得刘备招人喜欢。

《三国演义》里写了曹操和孙权的身家，而刘备的身家基本是靠他自己推销的。推销的主要内容是他是中山靖王刘胜的后代，听上去好像很酷炫，可稍微一查就知道，中山靖王刘胜光儿子就有一百多个。

刘备字玄德，很多同学可能不知道“字”是怎么回事，那让我歪解一下。“字”是古代男子成年以后不想称呼名字——可能当时名字都是一个字的，叫着太萌了——叫两个汉字组成的“字”比较顺口。比如说：“孔明，吃饭了吗？”就比说“亮，吃饭了吗？”或者“亮亮，吃饭了吗？”正经一些。

而且《三国演义》中的人名都喜欢带“玄”或者“德”字，比如郑玄、乔玄、诸葛玄、夏侯玄、韩玄等；“字”里带“德”的人更多，比如曹操字孟德、杨修字德祖、张飞字翼德、司马徽字德操等。这和当时社会风气有关系。“玄”是道家最为重视的哲学概念，“德”是儒家强调的人格修养。东汉以来，儒道二家出现了融合的趋势，最终形成了“名流”与“自然”合一的“魏晋玄学”。取名字喜欢用“玄”与“德”，刘备的字是玄德，听着就时尚。

只可惜《三国演义》偏偏告诉你，这样德高望重的刘备生出的

儿子却是扶不起的阿斗，阿斗唯一的贡献可能就是教了同学们一个成语——“乐不思蜀”。

刘备最后能从卖草鞋的小商贩逆袭为一方霸主，很大程度上是卧龙诸葛的功劳，但是大家不要以为这是一对“我的好兄弟”组合，实际上更像“忘年交”组合。刘备比诸葛亮大21岁，在当时就是当他爹也毫无违和感。刘备刚开始卖草鞋的时候，诸葛亮可能还不懂事。鲁迅说刘备和诸葛亮二人是“显刘备之长厚而似伪，状诸葛之多智而近妖”，意思是这俩人罗贯中写得也太不真实了——刘备忠厚仁义的程度像装出来的，诸葛亮聪明得不像人类。

但诸葛亮并不是一“聪”遮百丑，他本身也是相貌奇伟，而且家世不差，只不过读者都太关注他的智慧，而忘了他的颜值。人家本来明明可以靠背景，可偏偏要靠实力。

诸葛亮的岳父娶了荆州最有势力家族的女儿，与刘表是连襟；刘表的儿子管诸葛亮叫表姐夫；诸葛亮的亲哥哥诸葛瑾和族弟诸葛诞分别在东吴和曹魏身居要职。

从诸葛家族这些人的职位来看，他们在当时所有有希望称霸全国的地方武装势力中都有官做。最后无论谁赢了，都不影响诸葛家的人有所作为，甚至大富大贵。所以不必相信他在《出师表》里写的“臣本布衣，躬耕于南阳，苟全性命于乱世，不求闻达于诸侯”，因为和刘备的“出身”比起来，诸葛亮确实是布衣百姓，没答应刘备之前，他也确实在南阳耕种，但深究起来诸葛亮的“成分”绝对不是贫下中农，因为躬耕是他的业余爱好，主业还是看书思考。

爱撒酒疯的曹操

在《三国演义》这场权力的游戏里，剩下两个玩家曹魏和东吴也是很有看点的，游戏过程互有胜负。特别是两位枭雄人物——曹操和孙权都是读者关注的重点。

曹操，性别男，曾用名阿瞒。籍贯在今天的安徽省亳州市，东汉末年的政治家、军事家、文学家和书法家，杰出的曹魏政权奠基人。他兴趣广泛，爱好独特，特别喜欢在喝醉酒之后撒酒疯，有一次喝多了，他写下诗篇记录自己当时的心情“对酒当歌，人生几何”“何以解忧，唯有杜康”，特别应景。如果东汉末年有KTV的话，曹操肯定是个麦霸。

但作为一代枭雄，他所承受的工作压力肯定不小，一边是刘备给曹操上眼药，一边是孙权让曹操不省心；今天关羽留不住，明天郭嘉英年早逝，后天几个儿子又不和睦，他不喝酒怎么来掩盖掉下的眼泪呢？所以曹操还是专家级品酒师和影帝级演员。

也许是平时喝酒有点多，曹操落下了头风病，像是偏头疼。头疼和身体其他部位的疼痛不太一样，除了不舒服之外，人的精神还会受影响。不过相比之下，曹操心理上的疾病问题更大，后人称作“疑心病”——曹操总觉得“有刁民想要害自己”。

随着年龄的增长，曹操这两种病似乎越来越严重，还有相生相克的感觉，每次头疼发作的时候心乱目眩，辗转反侧，曹操总会胡思乱想。

《三国演义》中民间神医华佗是超级大牌的医疗专家、主任医师、

博士生导师，内科外科样样精通，挂号费应该不菲，一般人请不来，但是曹操可以。

曹操请华佗来给他看头疼病，华佗看完了之后就说："主公脑袋里有东西需要先取出来，得先把自己灌醉……哦，是麻醉了，再做个开颅手术就好了。"

华佗的治疗方案详细说来是先用自家祖传的麻醉药给曹操喝，然后用斧子把曹操的脑袋给豁开个口子，把里头的病灶取出来，再封上，这样才能根治。

但是华佗忘了曹操是有疑心病的，曹操不太相信开颅手术这一套，即便是21世纪，给人做开颅手术都要考虑一下，所以也能理解曹操以为华佗要杀他。

华佗是个老实人，还以为曹操对自己的医术有所怀疑，就说："主公您别害怕，我不是二把刀，我以前给关羽大将军刮骨疗毒，他都没害怕，关将军喝个酒小脸红扑扑的，特别勇敢，不过您这边可能就先别喝酒了……"

华佗不知关羽天生就脸红，也不知自己触动了曹操的敏感神经。曹操一听更生气了，"关羽的胳膊和我的脑袋能一样吗？当年我和关羽的关系天下皆知，你还拿关羽刺激我，你这不是找死吗？"

"来人，把华佗给我关起来！"

曹操的倔脾气上来任谁劝都没用，华佗因高明的医术而死在牢狱中，从曹操的角度看，这一下头疼病更没人敢治了。

生子当如孙仲谋

再来说说孙权。

孙权，字仲谋，祖籍浙江。能和曹操和刘备两位超级游戏玩家在同一个重量级比较,说明孙权的段位也是很高的。辛弃疾有词《南乡子》，里面说“天下英雄谁敌手，曹刘，生子当如孙仲谋”，“生子当如孙仲谋”这句话是曹操说的，意思是“我多么想有个孙权这样的儿子啊”。听上去怪怪的，也不知道是夸孙权，还是骂孙权。

孙权长得有点像外国人。如果说刘备两耳垂肩双手过膝就已经不是正常人长相了的话，那孙权的长相更加与众不同。《三国演义》里说孙权天生的紫髯碧眼，目有精光，方颐大口。意思是孙权有紫色的胡子，绿色的眼睛，方方的脸颊和超大的嘴巴，看上去就五大三粗。书里没有交代孙权他爹孙坚和他哥孙策的样貌，如果孙坚和孙策样貌正常，那孙权有可能是基因突变了。

孙权的爱好和他的长相也不太吻合，他喜欢劝别人好好读书，成语“孙权劝学”是也。

孙权（跟吕蒙）说：“你得多读书啊。”

吕蒙说：“对不起，老大，我事情太多了，没有时间读。”

孙权说：“这不行啊，我让你读书又不是让你成为学者，你看看我，我老读书，现在多好。”吕蒙很听话，遂开始读书。

隔了一段时间，鲁肃遇到吕蒙，一聊天发现他进步很大，夸他

说："你已经不是曾经的吴下阿蒙了。"吕蒙特别傲娇地说："那是，士别三日，当刮目相看。"后来打败关羽的就是吕蒙，你说孙权是不是特有成就感？

和刘备、曹操相比，孙权在《三国演义》里的影响力稍微逊色一些，这倒不是说他没有领导能力，而是他接班时就已经是江东集团名震天下的时代了，他还有周瑜、鲁肃等一票帮手，实力已然不弱，与约等于白手起家以仁义走天下的刘备和雄才大略智谋天下的曹操相比，孙权克服的困难就显得不够多了。

在四大名著中，《三国演义》的故事和真实历史内容最贴近。以花生粥老师的眼光看，真有心算计别人的人不需要从书里汲取想法，无心算计别人的人读书也不会产生此类想法，所以何必管"老少"，"是非成败转头还空了，经典依旧在，别等夕阳红"。

历史故事和文学作品之间是有距离的，《三国演义》里刘备、曹操和孙权的形象与历史上真正的霸主枭雄也不一样，还有很多值得大家去挖掘的内容。

微信扫描二维码，随时随地听好书

第十二个星期五

《朝花夕拾》：这是一本真正的青春修炼手册

开学三周了，花生小学新来的语文老师小姜越来越紧张，因为他这个学期要讲《少年闰土》。

这天放学后，小姜老师抱着一大摞学生作业走进霹雳听书馆。

“花生粥老师，你喜欢读鲁迅的作品吧，你教教我，怎么能让孩子们喜欢读鲁迅呢？”小姜老师把作业堆到柜台上，一脸沮丧。

“鲁迅长相也不是特别英俊，不用喜欢读他，喜欢读他的书就好……”福尔摩不知道什么时候尾随着小姜老师走进听书馆。

“这学期该讲《故乡》的片段了？”花生粥老师不知从哪里变出一本《呐喊》。

“嗯，该讲《少年闰土》了。”小姜老师道。

“那不如先给同学们讲讲《朝花夕拾》，这是鲁迅的青春修炼手册。”花生粥老师又不知从哪里变出一本《朝花夕拾》。

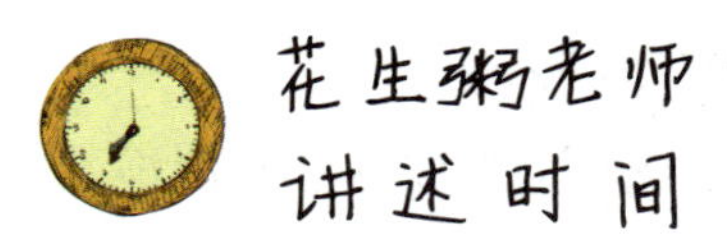

花生粥老师讲述时间

鲁迅比你想的还厉害

俗话说，语文学习有三怕：一怕文言文，二怕写作文，三怕周树人。

这里的“周树人”就是我国近现代文学家里长期占据中小学生“痛恨排行榜”榜首的鲁迅先生，当然如果真有这个“排行榜”的话。

鲁迅先生在他三十七岁的时候凭借一篇描写疑似精神病患者的白话文小说——《狂人日记》一炮走红。自此以后的十八年，他的笔和他的人一样，走到哪里写到哪里，吵过架，骂过人，但是从来都没有放弃自己作为一个炙手可热的文坛巨星的心态和热情，始终坚持走自己的路，让别人无路可走。

鲁迅先生四十六岁时编辑的一部回忆童年生活的散文集《朝花夕拾》应该是最适合中小学生阅读的鲁迅作品了，他的其他作品，中小学生读起来还早了一些。可即便是鲁迅先生自己的童年生活，现在的同学们都觉得已经是另一个世界的事了。

对于有的同学来说，鲁迅先生活着的时候折磨的是和他同时代他看不上的人，去世了之后折磨的是和他不同时代看不上他的人。

曾经有一个“世界十大文豪”的名单，注意，是“文豪”，不

是文学家，层次是不一样的。鲁迅先生也在这个榜单里，但这件事如果让鲁迅先生知道，估计他肯定“横眉冷对”了，因为他很讨厌凡事都要追求圆满，还把这种情况取名叫“十景病”。就是凡事非要凑齐十个，要不感觉不圆满，类似于强迫症的症状。

现在的什么“十大金曲”“十大人物”“班级前十名”等，事实上，多一个和少一个也没什么影响，最受欢迎的九个男演员，最讨厌的十一个歌手,也不会有很大的区别。但很有意思的是《朝花夕拾》这本集子如果不算小引和后记，鲁迅先生正好选了十个短篇，所以特别建议大家把小引和后记也好好读读，这样,《朝花夕拾》就可以算是有十二篇文章的散文集，鲁迅先生自己也能接受。

晚上想起早上开的花

《朝花夕拾》里的文章并不是一气呵成写完的，鲁迅先生起先是零散着发表出来，等到内容比较多了，鲁迅先生想把这本集子起名为《旧事重提》，意思是都是过去的事了现在来说说。可能后来觉得文学性需要更强一点，于是使用了修辞手法，要是感觉读起来不顺的话，可以把前后的结构倒过来，叫“夕拾朝花”——太阳落山的时候捡起早上的花朵，用来说明一个中年大叔开始想想自己年少无知时候的往事了。现在有些人一旦开始怀旧就证明他已经老了。鲁迅不是这样，他表面上写的是自己小时候的事，可实际上骂的还是自己成年以后认识的人。

可以说这是鲁迅先生的《青春修炼手册》。

比如《从百草园到三味书屋》一篇，你看出来的是小时候无忧无虑的鲁迅在上学前后的惊人变化，可旁人看来就是鲁迅要告诉你不要压抑孩子的天性，传统的封建书塾教育摧残了孩子的创造力。鲁迅先生的观点其实很贴近西方的教育理念，鲁迅有一句名言叫："玩具是儿童的天使。"如果同学们想让爸爸妈妈买玩具的话，就可以说，"爸爸妈妈，我需要一个天使，这是鲁迅先生说的。"

再如《父亲的病》这篇文章，鲁迅先生写了自己的父亲被类似于跳大神一样的巫医治死以后自己的想法，抨击了草菅人命故弄玄虚的二把刀大夫，写得特别有意思。其中有一个情节是这样的，有个大夫让幼年时候的鲁迅先生找奇怪的药引子——一对原配的蟋蟀，鲁迅先生讽刺道"似乎昆虫也要贞节，续弦或再醮，连做药资格也丧失了"，意思是蟋蟀看起来离过婚的还不能当药引子，看着这段记述，隔着书本都能被鲁迅先生逗乐。

很多同学觉得鲁迅先生的文章读起来别扭，但他可是写白话文的第一人，如果没有他，报纸上印刷文言文可能还是一种潮流呢！

鲁迅与白话文

为什么鲁迅先生要提倡写白话文？白话白话，明白如说话。

中国古人写文章用的都是文言文，有时候别说顺利读出来，看都不一定能看懂。近代一帮有识之士，以鲁迅先生为代表的进步学者感觉这样不行，写文章讲道理是为了让别人明白，用文言文讲道理，人们不容易听明白。

白话文的意思就是把文章写得像人们日常说话一样，别像文言文一样讲究太多，什么“骈五骊六”“语法音律”“对偶对仗”……写出来的文章也没有多少人愿意看。可以说白话文就是比口语书面语、比书面语口语的文章。

有的同学要问了——白话文是近代以后才有的吗？其实不然，白话文并不是鲁迅先生之后才有的，很早就有白话文了，只不过作为提倡大家写正式文章使用是从近代开始。其实以前有一些非常正式的官方文件，像皇帝发布的圣旨、批阅的奏折，也有很多是用白话文朱批的。比如地方上的官员写了一个关于某年某月某地旱灾的奏折，皇上看完了之后，挥笔写下四个大字——朕知道了。这也属于白话文。

还有《西游记》和《水浒传》其实也都属于当时的白话文小说，只不过被认为是市井文字，难登大雅之堂而已，直到后来才被社会民众所推崇，成为正式的文学作品。

如果不提倡白话文，书面语和口语就是两个世界。如果没有白话文作品，很多同学看文言文会有这样的感觉：明明说的都是中国话，我怎么就看不懂呢？所以正是为了交流的方便（主要是时代的进步，人与人之间沟通的需要），白话文逐步推广开来。

但不是说文言文就完全没有好处，文言文存在的时间可比白话文久多了。文言文特别稳定，很少有变化。我们今天使用的白话文也是经过了快一百年的迭代才成型的，文言文存续的时间更长。今天再读鲁迅先生的作品时，千万别觉得这就是白话文应该有的样子，

而应把它当成白话文开始的样子。

无论是白话文，还是文言文，都是要让人阅读、让人明白作者表达的意思，你看到“山不在高，有仙则名；水不在深，有龙则灵”和“这个山不在于有多高，有个神仙就出名；这个水不在于有多深，有条龙就能显灵”感觉上还是有差别的，文化层次高的人是两种都懂，而只会白话文的人，就无法体会文言文的妙处。

每次讲到这里，我都会想起近现代中国社会之动荡，尤其是在这片动荡之中，有鲁迅先生这样的超卓人物去引领时代的风向，惊醒世人的迂腐，讽刺落后的糟粕，并且把自己的思考和整个社会的需要结合起来。鲁迅先生的思辨精神和批判视角在后世很难有作家可以达到。所以读鲁迅先生的作品，不为别的，至少你能学会思考，这就很不错了。

希望大家也喜欢读鲁迅先生的作品，因为等你长大就知道了，并不是只有你需要读鲁迅，整个社会都需要读鲁迅。

第十三个星期五

《威尼斯商人》：抱歉，我不是你要找的那个夏洛克

Marvin 有时会觉得来霹雳听书馆的家长比孩子有意思，因为再怎么特别的孩子也都会有孩子身上的“不特别”，家长却是各有各的“特别”。

今天的天气不甚理想，风雨欲来，又完全没有滋润大地的意思。

“压抑。”Marvin 瞅着此时店里唯一的一对母子说。

花生粥老师以为他说的是天气，但马上明白了天气其实还可以容忍。

“……你想买这本《哈利·波特与火焰杯》吗？”母亲道。

孩子点点头，摩挲着封面上的人物脸庞。

“但是你上学期期末考试没有考一百分哦。”母亲道。

孩子的目光移到了脚面。

“……你想要这本《基督山伯爵》吗？”母亲道。

孩子又抬起头，眼睛里闪着光。

“你本周的数学竞赛考第一我就给你买。”母亲有点满足地说。

孩子眼里的光消失了，脚面又成了他视线的焦点。

花生粥老师神情严肃起来，在“西方文学”的架子上快速抽出莎士比亚的《威尼斯商人》。

“Marvin，今天我想讲一个和交易有关的故事，帮我准备一下。”

花生粥老师
讲述时间

不可不知的莎士比亚

现代社会是一个商业社会，从商的人其实和从事工业、农业的人一样，除了工作内容上的差别，其他没什么不同，不会说长出第三只眼睛，多活好几十年；但是在人类历史上，商人有一段时间实际上是很没有社会地位的，在中国古代“士农工商”的划分里，“商”可以说是排在最后面的职业选择。

现在不一样了，有钱人大多数都是——说得俗一点——做买卖富起来的。俗话说“有钱能使鬼推磨”，更有人相信“有钱能使磨推鬼”，说的好像人变坏都是因为钱，而不是因为别的。当然也有很多事实可以证明，有钱任性的事确实存在。今天咱们来聊一个生意人的故事，一个有钱任性的故事，来自英国特别特别著名的作家莎士比亚的喜剧代表作《威尼斯商人》，看看只想着交易的人会有什么样的下场。

丘吉尔曾经有一句话形容莎士比亚：“大英帝国宁可失去一个印度，也不愿失去一个莎士比亚。”你看看，拿莎士比亚一个人和一个大国相比，而且明显认为莎士比亚对于英国的意义要大于印度。先不管印度的人民群众听到这句话做何感想，总之莎士比亚厉害极了，他脑袋上的殊荣特别多——什么“英国戏剧之父”，什么“人类最伟大的天才之一”，什么“人类文学奥林匹斯山上的宙斯”等，他和古希腊的荷马、意大利的但丁、德国的歌德并称为西方文学诗词界的四大天王，现在看来还有点炒作的意思。当然，丘吉尔这是一种夸张的说法，因为英国已经拥有了莎士比亚。

然而，对于很多中国的小读者来说，莎士比亚属于那种一直都知道他的作品和影响，基本没怎么读过的作家，他一直活在教材里，很少活在脑子里。

莎士比亚出生于16世纪的英国,在我们这里差不多就是明朝人，如果生在中国估计他写的就是《明朝那些事儿》了,但是他写的是《欧洲那些事儿》。他这一辈子写了将近四十部戏剧，有喜剧，有悲剧；写了一百五十多首十四行诗，算非常高产的作家。《威尼斯商人》是他三十几岁出版的一部喜剧作品。很多同学知道他有四大悲剧（《哈姆雷特》《奥赛罗》《李尔王》和《麦克白》），但是不知道他还有四大喜剧《仲夏夜之梦》《皆大欢喜》《第十二夜》和这部《威尼斯商人》。

两肋插刀也不过如此

《威尼斯商人》这部喜剧贡献了世界文学史上著名的“四大吝啬鬼”形象之一的夏洛克。有的同学就问了，“夏洛克”不是柯南道尔笔下的名侦探福尔摩斯的名字吗？这其实是翻译的问题，名侦探福尔摩斯的夏洛克英文拼起来是 S-h-e-r-l-o-c-k，是 sher+lock。而威尼斯商人夏洛克英文拼起来是 s-h-y-l-o-c-k，是 shy+lock，可以理解为“害羞的锁”。

虽然夏洛克是《威尼斯商人》这部戏剧里的亮点，但全书他出场的次数并不多，而且他属于倒霉催的。文学作品里经常有一种表现形式就是让坏蛋尝到恶果，好人苦尽甘来，夏洛克这个反面角色在书里就是受苦遭罪的。

《威尼斯商人》作为戏剧作品，演起来一共有五幕，一开始没有夏洛克什么事，是一名叫安东尼奥的商人在无病呻吟，呻吟的内容是“我有钱但是我活着没意思，我在海外的那些商船，你们可要好好的，我全部的身家都指着你们回来变现”。

随后安东尼奥的好朋友——巴萨尼奥——屁颠屁颠地跑过来找安东尼奥，说：“哥们儿，我虽然是个有社会地位的人，可家里的钱都快被我花光了，我看上一个白富美，叫鲍西亚，你能不能借我三千块钱，我去打肿脸充个胖子，让我有钱去任性一把呗。”

安东尼奥就说：“成啊，不过我没有钱，我可以找威尼斯城里最抠的商人夏洛克，他有钱，然后我给你担保，我海外有船，将来我还他，你就不用管了。”

安东尼奥和巴萨尼奥找到夏洛克。夏洛克一听是向他借钱，气不打一处来，说：“安东尼奥，你能不能长点心，我凭啥把钱借你，咱俩都是做生意的，我是专门放高利贷的，而你呢，你也借人钱，但是你不要利息，你这样谁还找我借钱，你这不是扰乱市场秩序吗？都像你这样，让我们放高利贷的可怎么活？你让我借你钱也可以，但是你得给我立个字据，到时候如果还不上钱，你就从你身上给我割下一磅肉！”

安东尼奥居然答应了。

但他这么做完全是为了帮好朋友追女朋友，朋友当到这个份上，巴萨尼奥赚大了。

巴萨尼奥想追的女生是鲍西亚。她比较不自由，不能自由恋爱，选择不了自己的婚姻。她爸爸临死前留下遗嘱，大概意思是结婚对象要过三关，在金、银、铅三种材质的盒子里选一个，每个盒子里放的东西不一样，选对了就嫁，选错了就走，颇有一种随缘的意味。一般人去世给孩子留下的都是金银财宝，鲍西亚他爸除了留下金银财宝之外还给她留下三个锦囊，跟诸葛亮有一比，挺高瞻远瞩的，生怕自己的女儿嫁给那些眼里只有钱没有她的人。但是把孩子的终身幸福寄托在三个小盒里，是不是有点草率了？毕竟蒙对的可能性也有33%。

“割肉”的代价

故事到这里暂时没有夏洛克什么事，但是他和安东尼奥作为债权人和债务人的日子都不好过。

首先，果不其然安东尼奥海外那些商船有去无回，眼瞅着欠夏洛克的钱还不上了。如果你有向别人借钱的经验，你会知道当你的债主是个抠门儿的人，那你这笔钱还不上所带来的风险是很大的。

而安东尼奥的债主夏洛克也不好过，他的女儿杰西卡不喜欢他。别人不喜欢夏洛克也就算了，连自己的女儿也讨厌他，夏洛克真是个“成功的商人、失败的父亲”。更可气的是杰西卡和巴萨尼奥的朋友罗兰佐私奔了，更更可气的是私奔了不要紧，还带走了夏洛克一大笔财产，对于夏洛克来说，真是屋漏偏逢连夜雨。

不过如果我是夏洛克，我憎恨的对象应该是巴萨尼奥才对，找安东尼奥的麻烦实际上是“恨屋及乌”。

夏洛克正愁没地儿撒气，安东尼奥这个欠钱的眼中钉送上门来了。夏洛克依据法律偏要安东尼奥身上的一磅肉，于是他带着一把小刀和一个天平，跑到法庭上诉，强烈要求安东尼奥赔钱，哦，不，赔肉。

故事进行到这里，最有意思的部分来了。

按照法律，安东尼奥这一磅肉是割定了，如何能免于这一刀呢？巴萨尼奥前面借钱追的白富美鲍西亚很聪明，她听说自己未来的老公为追求自己害得好朋友将失去一磅肉，马上想出来一条计策。

说来也奇怪，一般女生面对借钱追求自己的男生，多少都会觉得有点问题，但鲍西亚不是一般人，她乔装打扮成法律专业人士冲进法庭和夏洛克对峙，中间如何请君入瓮让夏洛克中了圈套，十分精彩，而鲍西亚的核心观点就一个——

夏洛克，合同上写的是割一磅肉，你放心大胆地割，但是割的时候不能流一滴血，合同里可没给你让安东尼奥流血的权利；还有必须是一磅肉，如果你没到一磅，或者比一磅多了，或者流了血了，这属于犯法，因为这伤害了威尼斯的公民的身体，你要交出你所有的财产，你自己看着办。

再好的厨师，也不能保证一刀下去正好是一磅肉，不流一滴血，更何况是夏洛克这样一个生意人呢？所以夏洛克只能作罢，认栽在鲍西亚的手里。

一磅肉到底有多少？ 16 世纪英国的重量单位和现在差多少我并不清楚，但是现在的一磅，差不多就是九两多，不到一斤的样子。人的心脏差不多三百克，也就是放到现在，夏洛克差不多要割掉安东尼奥身上一个半心脏的重量，跟要他的命没有区别。

夏洛克本来的胜算就是法律的较真，但败也败在法律的较真上。

故事的最后，有情人终成眷属，有钱人没有损失，只有夏洛克赔了女儿又折了面子，好不凄惨。

很多人说夏洛克太贪婪了，但是我觉得夏洛克不能算贪婪，而且他是个很优秀的商人，最起码挣到钱了，虽然最后都被骗光了；他这个父亲也还可以，最起码把女儿养大了，虽然女儿还跟人跑了。出场时间并不多，但制造的麻烦不小。这种情况大概的意思是，我是坏，但是我坏得有道理。

我们中国人讲究的是“得饶人处且饶人”，而在《威尼斯商人》

里面，夏洛克“能不饶人就不饶人”。用我的话说，这可不是有钱人任性的喜剧，而是夏洛克仇恨的悲剧。

夏洛克的敌人到底是谁？

为什么莎士比亚要选择威尼斯这个城市来写夏洛克的故事呢？他作为英国作家为什么不写个伦敦商人，或者曼彻斯特商人？这要从威尼斯说起。

在 1600 年出版的《威尼斯商人》的标题页上有一行英文，叫“History of the Merchant of Venice”，直译过来是“威尼斯商人的历史”，或者“威尼斯商人的经历”。难道威尼斯商人和其他地方的商人有什么不一样吗？还是只因他们都是像夏洛克一样披着羊皮的狼？

威尼斯是意大利名城，意大利是地中海北边像长筒高跟皮靴一样的国家，威尼斯在这个长筒高跟皮靴的东北部。因为到处都是水路，所以被称为水城。但是这个城市不水，挺火的。

自从人类进入大航海时代以来，水运发达的城市容易成为兵家必争之地，船肯定得有地方停，作为港口，威尼斯的贸易自然发达，人们都愿意到这个地方做买卖。

《威尼斯商人》里涉及两个主要的商人，一个是“傻白甜”安东尼奥，一个是“吝啬鬼”夏洛克。你会发现安东尼奥的生意都在海上，比较符合威尼斯商人的特点，这个夏洛克又是干什么的？

夏洛克是专门放高利贷的。

那夏洛克为什么不做大航海生意，偏偏放高利贷让别人恨他呢？原因有点复杂。

先说第一层原因，夏洛克是放高利贷的，安东尼奥是投资海上贸易的，投资海上贸易在当时是有风险的。相当于安东尼奥全部身家都在海上冒着巨大的风险，都自身难保了，他还为巴萨尼奥担保向夏洛克借钱，甚至拿自己身上的一磅肉下注，这是个生意人做的事吗？这是不是给威尼斯商人这个群体丢人？所以夏洛克看不上他也不难理解。

莎士比亚想把安东尼奥写成一个好人，但人好不代表脑子就好。我感觉安东尼奥脑子不好，最起码经商不太适合。经商有一个原则叫“不能把鸡蛋放在同一个篮子里”，安东尼奥把所有家当都放到了海上贸易这个篮子里，也没上保险，这在夏洛克看来，都不配成为商人。

而放高利贷不是犹太人夏洛克自己选的，因为整个威尼斯城的犹太人全都是放高利贷的。大家想想，如果是你，你愿意一天到晚追着欠你钱的人屁股后面要钱吗？所以未必就是犹太人都想去放高利贷，而是其他工作没有给他们机会。

再反过来说，你愿意总见到你的债主吗？欠高利贷肯定都是能躲就躲，整个威尼斯城不可能有人喜欢夏洛克，这也是为什么夏洛克的女儿也不喜欢他的原因，甚至以自己是夏洛克的女儿为耻。

实际上夏洛克是知法、懂法、守法、用法的公民，是在法律允许的范围内放高利贷，硬生生被安东尼奥这帮人乃至整个威尼斯社会给整成不信法了。也有很多人说夏洛克是为了报复安东尼奥，但报复的方式为啥是借给人家钱呢？那就是夏洛克算准了安东尼奥肯定还不上钱，自己这一笔肯定不吃亏，可见他的生意经算得不错。

夏洛克本身是个有钱人，但是后来穷得只剩下钱了——女儿跟人跑了，借出去的钱要不回来，最后还得被迫放弃自己犹太教的宗教信仰，可见有钱也未必就万事大吉，还要有与金钱相匹配的地位、身份和尊严。

很多人把本书里的安东尼奥和夏洛克对立起来，说一个代表什么，一个代表什么，你说安东尼奥智商也不够，怎么能对立呢？

真正能对立的是巴萨尼奥媳妇鲍西亚和夏洛克。有一种说法是，夏洛克代表的是犹太教的正义，要求以眼还眼，以牙还牙；鲍西亚代表着基督教的仁爱，认为仁爱高于正义。

民族问题是大问题

讲到这里，大家差不多明白了，为什么夏洛克非要揪着安东尼奥不放，不光是他好欺负，而是因为夏洛克想不蒸馒头争口犹太人的气。

16 世纪的欧洲，西方人认为犹太人本质上是卑劣的民族，只想着挣钱，现在这属于种族歧视了。当时几乎到了人人都可以对犹太人肆意谩骂和侮辱的地步，犹太人恨透了这些社会上的偏见。

了解一点西方宗教的同学都知道，基督教最开始是犹太教的分支，后来才慢慢变成新的派系，一开始两个宗教之间的关系还挺正常，由于基督教的发展不如犹太教，所以基督教慢慢开始仇恨犹太教，随后基督教为了淡化犹太教对自己的影响，便把犹太人的《圣经》叫成《旧约》，意思是“旧的约定”，把自己的部分叫成《新约》，意思是“新的约定”。

那都是和谁的约定呢？他们都信仰上帝，自然都是和上帝的约定，意思是基督教和上帝订立了新的契约，犹太教的契约已经过时，不算数了。上帝要把他的爱给基督教了。有点像家里两个孩子争宠，争着争着便互相憎恨起来。

再后来罗马帝国把基督教变成了自己的国教，自此基督教发达起来，成为欧洲国家主要的宗教信仰。信仰基督教的人民终于站起来了，要把犹太教以前“坑”自己的“坑”回去。

公元1290年，英国曾下令将国内所有的犹太人驱逐出境，直到1660年才允许犹太人进来，在差不多四百年的时间里，英国是没有犹太人的，这就是《威尼斯商人》虽然是英国作家的作品，但是故事发生在意大利的原因，英国没有犹太商人。

而在威尼斯，夏洛克恰恰处在基督教“坑”犹太教这个阶段。犹太人在英文里是“jew”，本身就有“吝啬鬼，放债人”的意思。

所以，如果夏洛克打赢了和安东尼奥的官司，都算得上民族英雄了。

时代不同了，我们判断事物的标准也会发生变化，有时候也说不上夏洛克是对是错，因为一个社会不光要有约定，还要有人情。

不管怎么说，夏洛克毕竟是想借法律的名义伤害安东尼奥，即便他收获了文学史的盛名，但仅仅把这个世界理解为“交易”，也是一种狭隘的表现。

这个世界不仅需要智慧和财富，还需要自由、平等和爱。

微信扫描二维码，随时随地听好书

第十四个星期五

《夏洛的网》：这是一只猪的故事，这是一蜘蛛的故事

秋天是花生市最美的季节，天气不太冷也不太热，阳光既温暖又柔和，即便是最坚硬的心也会融化在凉爽的秋风中。

更不要说国庆节假期又到了。

但是在听书馆里逛了大半天的福尔摩不这样想，他的好兄弟菠萝就要移民国外，眼前的假期是福尔摩为菠萝选择一份告别礼的最后机会。

福尔摩还是决定送一本书，不能太厚，因为菠萝的旅行箱已经塞得像 Marvin 的肚子了；也不能太薄，不然显得福尔摩的感情不深沉；更不能随便选，他想要那种一看上去就有寓意能表达他的低调奢华有内涵的……

“送一本《双城记》怎么样？毕竟我们将来不在同一个城市了。”福尔摩拿起了狄更斯作品里的一本。

“那还不如选这本张爱玲的《倾城之恋》，里面也有两个城市。”Marvin 道。

福尔摩一反常态，似乎没有听到。他出神地望着窗外，好像此刻的世界已经和他无关。

“拿上这本《夏洛的网》，”花生粥老师把一本包装精美的书塞到福尔摩怀里，“我给你讲一只猪和一蜘蛛的故事。”

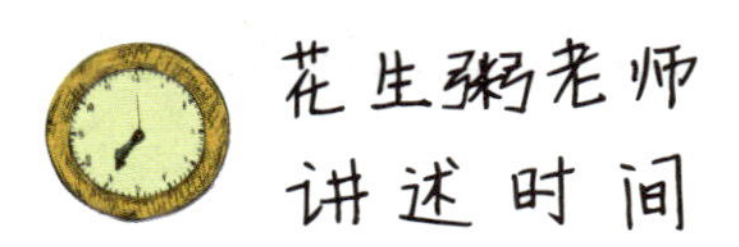

爱写小动物的埃尔文·布鲁克斯·怀特

我们都知道有一种修辞手法叫拟人，是用人的特征来写不是人的事物，目的是为了帮助读者了解，毕竟人类对自己更熟悉。这种方法很管用，世界上任何一个国家的文学作品里都有涉及，只不过有的只用一两句，有的用一整本书来写，但“拟人”了一整本书，其实写的也就是“真正的人”了。

美国作家埃尔文·布鲁克斯·怀特特别喜欢把小动物写成人，比如他曾经把一家人领养了一只老鼠作为主题，写成了著名的《精灵鼠小弟》，还拍成了好几部电影。但是这并不是他最大胆最知名的创作,他的笔下最出名的“动物成精”作品是我们今天要讲的《夏洛的网》。

美国的历史只有两百多年，所以美国的文学作品中没有什么演绎变化得太激烈的妖魔鬼怪，追溯不到特别遥远的上古，非要追溯就要到欧洲神话里找根子了。在美国文学中基本上看不到远古神话，美国文学写本土的生活存在时间上限，都不够一条蛇修炼成精的。

但是，这并不妨碍美国作家在身边的小动物身上找到他们想传递的思想。

《夏洛的网》的故事其实超级简单，主要讲了一只猪和一只蜘蛛的感情。

很多作家可能觉得写人类的事没意思，往往喜欢写不是人的故事，可受制于想象力，能拓展的也就是动植物了，但是植物不好写，因为植物在食物链的位置并不高，大部分作家的视野因此就放在了食物链稍高的位置——动物身上。这本身在文学作品里就是一件很赚眼球的事，特别是超越了物种的感情，更容易让读者手不释卷。

埃尔文·布鲁克斯·怀特这个作家尤其不喜欢写人的事，他想象出来的基本都是小动物的事，现实生活中如果真有这些事，那人类都得吓死——老鼠穿衣服，蜘蛛会写字，天鹅吹小号——这都是正经动物吗？明明都是成精的妖怪。

可把动物和人的行为融合在一起不是埃尔文·布鲁克斯·怀特的原创，在世界各国的文化里分不清人和动物区别的文明有很多，比如古埃及神话故事里的阿努比斯神，有狼的脑袋和人的身体；中国古代神话故事里的伏羲和女娲，是人的上半身加上蛇的下半身的存在……这说明在很久远的时代，我们人类眼中的人和动物不像现在有这么大的差别，人和动物是可以和平共处的。

再如有写人类和蛇的感情的《白蛇传》，有写人类和妖怪的感情的《画皮》,更厉害的是有写人和鬼的感情的《聂小倩》……如此说来，写一只猪和一只蜘蛛的感情，对于中国读者来说，选材上是没有什么新意的，但是这本《夏洛的网》并不简单，因为本书充满了对于人类的讽刺,一群人被一只叫夏洛的蜘蛛玩得团团转,作者这种“黑”

人类自己的写作手法读起来别有一番风味。

我其实不是很喜欢把这本书的主人公——一只大蜘蛛“Chalotte”翻译成夏洛。主要有两个原因，一个原因是受一部知名的喜剧电影《夏洛特烦恼》的影响，很多人会以为夏洛是男生的名字，可实际上本书的主人公是一只母蜘蛛，叫成“夏洛特”会好一些；第二个原因是蜘蛛本身是一种大多数人觉得特别可怕的动物，起这么美好的名字容易误导小朋友，当然特别喜欢蜘蛛的朋友另当别论。

然而本书翻译成《夏洛的网》已经被接受好多年了，所以我们暂且也叫这只母蜘蛛“夏洛”吧。

动物世界里的“网文”

“夏洛的网”不是指夏洛的互联网，也不是夏洛的铁丝网，而是“夏洛的蜘蛛网”。书中夏洛的蜘蛛网还只是线索和辅助，全书的主线剧情围绕一只名叫“威尔伯”的小猪到底会不会成为人类餐桌上的食物展开。

夏洛生活在美国某处的一个农场里，农场主家里有个小姑娘叫芬，她是个超能力者——她能听懂动物们的对话，可是家里人都不相信她。

在我们都以为有这种能力设定的芬是主人公的时候，作者话锋一转，突然告诉你这个超能力在动物世界里一点用都没有。

芬从她爸爸手中救下来一头粉红色的小猪威尔伯，在这只小猪特别渴望有一个朋友的时候，母蜘蛛夏洛闪亮登场，在谷仓的角落里挂着蜘蛛网，向下降落到他面前:“威尔伯，我很喜欢你，想和你做朋友。”

动物间的感情就是这样让人无法理解，一个是八条腿专门结网捕食的昆虫狩猎者，一个是除了吃就是睡的长膘小粉红，这段友情一开始就显得意外和滑稽，但是和后面的剧情比起来，这个设定真是再正常不过了。

作为一头农场的猪，威尔伯最终逃脱不了被送上人类餐桌的命运。作为一头“啥也不会”的猪，威尔伯真是一点招也没有，但他的求生意志很强。当他从农场的动物小伙伴那里得知自己将要被抬上餐桌的噩耗时，他的内心是拒绝的。

这时候该怎么办呢？

他的蜘蛛朋友夏洛想出了一个主意，利用自己织网的能力织出人类的文字来向人们传递一种迷信说法——威尔伯不是一头普通的猪。当然，这就是睁眼说瞎话。

于是，动物们的计划就开始了。

有一天，在人类进入动物们居住的谷仓的时候，赫然发现在小猪威尔伯的上方，有蜘蛛网编织出的两个大字“好猪”（Some Pig）！

这是什么？这是动物界的广告，而且是红色横幅类的，好像你一走进乡村就看到刷在土黄色墙上已经褪去颜色的“热烈欢迎”一

样。人类惊呆了，本来还想着把这头猪做成火腿，没想到居然连小小蜘蛛都知道这是一头好猪，那可不能杀，得留着好吃好喝养起来，威尔伯因此暂时保住了小命。

说到这里，花生粥老师作为人类，真替故事里的人类脸红。你说当你走进一个农庄的谷仓，发现一头吭哧吭哧在那吃东西的粉红小猪的头顶上有蜘蛛网丝线织出的文字时，第一反应不是应该找到这只会用蜘蛛网写英文的蜘蛛吗？在那看这只粉红小猪拱来拱去有什么用？

但是农场里的人类完全没有注意到夏洛的存在，他们一直沉浸在夏洛不断更新的“障眼法网文”——蜘蛛网文字里，开始给威尔伯好吃好喝，还用酸奶给他洗澡——真是太浪费了。而从夏洛开始织网一直到重要情节“农业博览会”威尔伯赢回来一块奖牌，人类始终沉浸在自己对于这只猪的谜之崇拜中。

而我想问的是，夏洛的英文是跟谁学的呢？

跨越物种的友谊

在这本大部分属于想象力养成的童话故事里，唯一写实的地方就是母蜘蛛夏洛最后死掉了，不过请不要悲伤，一只母蜘蛛去世了，很多小蜘蛛活下来了。

在真实世界里，蜘蛛的生命一般只有一年左右，《夏洛的网》恰好写了一年四季的流转轮替。威尔伯和夏洛相遇在后者生命的开始，夏洛的一生都在用来拯救威尔伯，这真的是整个故事里最科学的设定了。其他的设定如果用严谨的眼光来看，很多地方都会让读者笑掉大牙，比如猪这种动物由于自己头部的形状，是没办法抬眼望天空的，所以当书中描写威尔伯望着天空发呆时，我在想他肯定是躺在那里四脚朝天才能看到蓝天，这幅画面太奇怪，我不忍想象下去。

实际上猪是非常爱干净的，任何一个猪圈里都会被猪自动分成卧室、盥洗室和起居室等部分，井然有序，有条不紊。但夏洛的好朋友威尔伯在故事里更像是一只生活不能自理的猪，从这一点上来看，大家还是把这个美好的故事当成童话比较好，千万别当真。毕竟真有能听懂动物说话的人类出现的话，肯定会被抓起来的。

作为一部世界知名的童话故事，《夏洛的网》所传递的是一种为了友情而付出的价值观，无论我们的朋友是什么出身，我们做朋友的前提就是互相喜欢，在此基础上能够为彼此付出就是伟大的友情。

本书作者埃尔文·布鲁克斯·怀特的三部作品都是动物主题，都体现了浓浓的人与人之间的信任和羁绊，故事的结局有些伤感又让人怀揣希望；《夏洛的网》里让我们温暖的从来都不是夏洛为威尔伯用生命编织的“网文”，而是愿意为朋友百分之百付出的真心。

合上《夏洛的网》，你可能会想，到底什么才是朋友呢？你能为自己的朋友付出什么呢？你又能从朋友那里收获什么呢？

有的人在成长过程中可能得不到母爱父爱，也不曾收获真心的爱情。然而只要愿意，结交一两个知心好友并不是太难的事情，有时候一个确认的眼神、一句简单的问候，都能使两颗真心从陌生开始相互走近。《夏洛的网》里的威尔伯一开始并不是一头理解友情的猪，而夏洛确实是一只懂得友情的蜘蛛，是夏洛帮助威尔伯了解到朋友的意义和价值，和拥有夏洛这样的朋友相比，威尔伯是不是一只粉红色的猪，也就不那么重要了。

和朋友交往，可以像夏洛那样，她为朋友不遗余力地付出而不求回报；和朋友交往，也可以像威尔伯那样，即便刚开始对友情一无所知，但只要有愿意接纳别人的心，就已经成功了一半。

微信扫描二维码，随时随地听好书

第十五个星期五

《傲慢与偏见》：这是一个英国地主家的“乡村爱情故事”

花生中学的期中期末考试，其重要性有时会超过学生家长单位的年终考核，并不是说自己的工作没有孩子的教育重要，而是学校会根据学生的考试成绩调整其所在班级——成绩越好，班号越靠前。

如果期中考试后孩子从 12 班进入了 1 班，那比单位年终奖多发了一倍还要令人兴奋，亲戚聚餐时也多了一个话题；如果期末考试后孩子从 6 班走进 7 班，那可比取消了年假还要让人沮丧。

毕竟有时候面子要比里子更重要。

九年级的罗米经过上学期两次考试从 2 班连续降到了 5 班，目前可供他支配的零花钱金额已经狠狠打了折。罗米本身并不是个乱花钱的孩子，教室的变化也没让他感觉有何难堪，他对这一切心知肚明。因为此刻朱丽正在听书馆等着罗米，他们相约一起读书正好一个学期了。

和罗米不一样，朱丽成绩很稳定，一直都在 8 班和 9 班徘徊，一开始父母还想通过补课的方式帮她进步，无奈朱丽定力惊人，8 班似乎就是极限了。

罗米慢吞吞地挪进听书馆，任由小测验的试卷从衣兜里掉到花生粥老师的脚边……

花生粥老师捡起试卷，发现右上角的分数被撕掉了，他转头看着罗米和朱丽，俩人正在一起翻《圣斗士星矢》。

“Marvin，今天我讲一个英国地主家的乡村爱情故事吧。”

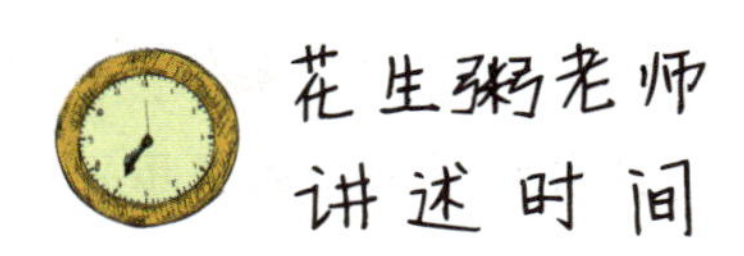

这是一段不“虐”的爱情

文学作品里的爱情往往都是“非死不足以证明爱情的伟大”，男女主人公之间一定得“虐”，不“虐”没人看，像罗密欧与朱丽叶，两家世仇，最后殉情，这是突破了生命和豪门恩怨的“虐”；像梁山伯和祝英台，最后两个人都变成蝴蝶了，这是突破了生物属性的“虐”；还有泰坦尼克号里的杰克和露丝，撞上冰山了也没能摧毁两个人的爱情，这是突破了自然环境的“虐”……

然而，我们平时接触到的最美好、最真实的感情，并非如此不切实际和天花乱坠。因此用艺术创作里的剧情和人物代入自己的生活，是很不聪明的一种做法。

对于文学作品来说，写出最真实的生活，还希望有人看，难度非常大。但今天要给大家讲的这本书就是在家长里短和鸡毛蒜皮之间完成了一个特别“真实”的爱情故事，这就是公认的世界十大名著——英国女作家简·奥斯汀的《傲慢与偏见》。

这本书的情节特别简单。全书概括起来就七个字——舞会、聊天、找对象——你也可以理解为通过舞会上的聊天找对象。

所以很多同学觉得这种书读起来没意思，既没有波澜起伏的情

节，也没有惊心动魄的描写，大部分是人与人的对话。我没读这本书之前也是这样想的，这种腻腻歪歪家长里短的事有人读吗？怎么还成了名著呢？不过，没读之前就觉得不好，这不也是一种偏见吗？

读了之后你会发现，如果能从书里人物之间的对话找到作者想要表达的内在含义，从家长里短的背后找到特殊的线索，那这本书就变得有意思了。这是因为很多时候人们说的话和想表达的意思不一样，比如谈恋爱时，女生会说男生“你讨厌”“你真烦人”，那是她真觉得男朋友讨厌和烦人吗？当然不是。

地主的女儿也愁嫁

《傲慢与偏见》写的是18世纪的英国乡村。围绕着大户人家班特纳先生家的女儿们，一个关于恋爱结婚，成家立业的精彩好戏就这样上演了。

班特纳先生家属于比较有钱有权有势的那种，照理说这样的人家不会有特别烦心的事，至少不用为“钱”发愁，可是班特纳家不一样，故事里最焦虑的就是他们家的人，而且从某种程度上来说，他们发愁的事本质上也和“钱”有关系。

班特纳夫妇一共生了五个女儿，照咱们中国人的观念，女儿早晚要嫁人，班特纳先生家里条件这么好，应该不用担心。五个女儿结婚能收不少彩礼，在我们中国人看来，如果不追求传宗接代，父母会比较省心。不是有那么一句俗话嘛，叫“皇帝的女儿不愁嫁”。虽然班特纳先生不是皇帝，但理论上也不怕女儿们找不到对象才是，然而班特纳先生家最头疼的就是五个女儿的终身大事，这不是因为他们把女儿的终身幸福放在心上，而是因为他们没有儿子。

一个地主家没有儿子在当时是很大的问题，根据当时英国社会的实际情况，像班特纳先生这样的家庭只能由男性继承所有的财产，生了五个女儿的班特纳先生，如果去世之前女儿们都没找到对象，那他家的所有财产只能由“远房 + 远方”的男性亲属继承。单身的女儿无法获得家里的财产，况且她们一天到晚除了赴宴跳舞就是吃饭聊天，不像能自食其力的样子，所以不结婚就等于没有长久依靠，无法维持生活。远房男性亲属如果人品好，还能给这些孤儿寡母点生活费，可如果是个“禽兽”，那极有可能会把班特纳的五个女儿扫地出门，那班特纳先生能乐意吗，班特纳太太能乐意吗，班特纳家五个待字闺中的黄花大闺女能乐意吗？

中国有句俗语叫“家家有本难念的经”，班特纳先生家这本“难念的经”是“家里的五个大小姐，你们什么时候能把自己嫁出去”，班特纳夫妇的潜台词是“你们再不给自己找个对象，家里的财产就要拱手让人了”！明白了这一点，再看这本书就会懂得为什么女性人物就知道谈恋爱找对象，其实不只是追求爱情，更是在给自己以后的人生寻找稳定的依靠。

反过来说，好一点的男生选择余地比较大，反正女生恨嫁，男生又不着急。男生在一定范围内可以好好挑挑，看看有没有家里嫁妆更多一点的女生。在《傲慢与偏见》这本书开篇，劈头盖脸来了这么一句——“但凡有钱的单身汉，都想娶位太太。”

娶了太太相当于娶了一笔潜在的财富。所以“找对象”是班特纳全家上下的头等大事，就能够理解了。

伊丽莎白与达西

要知道谈恋爱结婚和买菜做顿饭不一样，不是说今天买的菜不新鲜，明天不在同一家商店买就行了，吃得不开心下次不吃就完了。结婚是两个人一辈子生活在一起，买一辈子的菜，吃一辈子的饭，那是不是得慎重一点？

物极必反，结婚这件事如果慎重到了极点，把“合适”和“完美”画上等号，可能就一直找不到合适的。谁没有缺点呢？当时很多女生为了不让自家财产旁落他人，被迫和自己不知道喜欢不喜欢，或者干脆不喜欢的人在一起。

但也有例外，《傲慢与偏见》里班特纳先生家的二小姐——伊丽莎白不这样想。在她心里，凭什么要把自己的终身幸福放在一个不一定喜欢的人身上，遇不到合适的，没考虑清楚，没完全了解一个人，她是不会结婚的，家里反正还有四个姐妹，把结婚的痛苦留给她们，把单身的幸福留给自己。

当然，伊丽莎白最后的结局非常圆满，她找到了书里最有钱的单身汉达西。我们可以理解为她是主人公，自带光环。但过程还是很值得玩味的。

回到书里的情节，男主人公达西算是个“钻石王老五”，因为有钱，所以任性。达西几乎看不上任何恨嫁的女生，他第一次见到伊丽莎白时，感觉她不过是班特纳先生家五个“嗷嗷待嫁”的女儿当中的一个。书里的原话是达西觉得伊丽莎白的长相属于可以“容忍”的类型。

这要是当面和未来的妻子说长得可以容忍，达西和伊丽莎白估计早就没戏了，但这也从另一个侧面说明达西的傲慢。而伊丽莎白对达西一开始也没有好印象，舞会上其他女生都在叽叽喳喳议论达西的英俊潇洒和家财万贯，真是“男人都想成为他，女人都想嫁给他”。伊丽莎白则认为这些女生一点素质都没有，不就是个男的吗？三条腿的蛤蟆找不着，两条腿的男的还不有的是？至于这么疯狂吗？再说达西也太看不起人了，和他结婚肯定不幸福。可见伊丽莎白对达西一开始就有偏见。

书中自然没讲得这么直白，都是暗藏在语言描写和各种误会之间。比如伊丽莎白对达西有意见，巧合的是她觉得帅的一个男生说了不少达西的坏话，一下就让伊丽莎白对达西有了一种“我就说你是这种不靠谱的人，没想到你还真就是”的看法。

故事的结尾，达西和伊丽莎白彼此消除了误解，有情人终成眷属。他们的爱情没有那么惊天动地，也不是很曲折，最多是纠葛。

简·奥斯汀的书名

本书名叫《傲慢与偏见》，“傲慢”和“偏见”都不是褒义词，说白了就是看不起人和戴有色眼镜看人，有这两种心态都不能正确认识别人。

什么是傲慢？用现在的话说就是高贵冷艳，谁都看不上，不好接近，一般认为书里面的达西对应着“傲慢”。

什么是偏见？用现在的话说就是把人往坏了看，因为觉得你不好，所以你就是不好，一般认为书里面的伊丽莎白对达西的看法对应着“偏见”。

如此说来，男女主人公达西和伊丽莎白，达西负责“傲慢”，伊丽莎白负责“偏见”。

但也不尽然，一个傲慢的人是不愿意去深入了解别人的，对于别人的认识也不全面，因此傲慢的人往往带有偏见；而一个对别人有偏见的人，肯定也不愿意去深入了解别人，这不也是一种傲慢吗？所以表面上是达西负责“傲慢”，伊丽莎白负责“偏见”，可实际上是达西的“傲慢”里有着对伊丽莎白的“偏见”，伊丽莎白的“偏见”里也有着对达西的“傲慢”。这么说本书如果改名为《傲慢与傲慢》，或者《偏见和偏见》也有道理。

“傲慢”和“偏见”常常来自第一印象，如果相处时间长了还有傲慢和偏见，那就得改。这本书开始写的时候不叫《傲慢与偏见》，而叫《第一印象》，简·奥斯汀想表达的就是这个意思。

再来说说这本书的作者简·奥斯汀。

2000年，英国广播公司举办了一个千年作家评选的活动，排第一的是莎士比亚，排第二的就是简·奥斯汀，而且她是前十名里唯

一上榜的女作家，也就是再多一些票，她就超过莎士比亚了。

简·奥斯汀这一辈子并没创作过很多部小说，除了《傲慢与偏见》，比较出名的是《理智与情感》《曼斯菲尔德庄园》和《艾玛》。虽非高产，但从排名上看，简·奥斯汀超越了99%的作家。

还有一点，就是简·奥斯汀的作品全都是几个人之间发生的故事。因为她生活的圈子并不大，可以说有些狭窄，如果让她写月球，写北极，写太平洋，写超能力，写狗血伦理剧，她也不会。可就是写这些睁眼闭眼都能看到的生活故事，都让她在文学史上有与莎士比亚比肩的影响力，可以说非常了不起。

不过，简·奥斯汀写了这么多爱情故事，看上去非常了解爱情，自己却一辈子都没有结婚。

微信扫描二维码，随时随地听好书

第十六个星期五

《海蒂》：治愈系小萝莉的异乡变形记

花生小学的三年级最近出了个名人——转校生“黑米奇”。

“黑米奇”是她的外号，因为她第一天来上课的时候戴了一个米老鼠耳朵的发卡，教导主任在校门口让她摘掉的时候，她咬了教导主任，从此她成了“米奇”。

第一周的所有课上，她都不知道课堂纪律为何物，不是未经老师允许就回答问题，就是数学课上直接冲到黑板前画画，只有体育课她才显得格外正常。由于美术课上对自己的画作太满意，仰天大笑的时候碰翻了黑色颜料洒了一身——她彻底成了隔壁班的“黑米奇”。

“黑米奇”第一次来听书馆之前，Marvin 如临大敌，把限量版的书全都藏了起来，还准备了两大瓶消毒水。

可是“黑米奇”和她爷爷一起走进霹雳听书馆的时候，Marvin 几乎没有反应过来这就是威震方圆十里的名人，因为站在他前面的是一个躲在爷爷身后的羞涩小姑娘。

“黑米奇”的爷爷拉着花生粥老师的手说了几句话，留下“黑米奇”先走了，只听花生粥老师说“没事，您可以晚上再来接她”。

花生粥老师给“黑米奇”找了一个合适的位置，回过头来对 Marvin 说：

“她的爸爸妈妈外出打工好几年了，她一直和爷爷到处搬家，我今天会给她讲一个治愈系小萝莉的故事。”

花生粥老师讲述时间

假作真时真亦假

在世界文学史上，有一些匪夷所思的现象，让人百思不得其解——一些文学作品里虚构的人物形象，真有人把他们当成是真实存在的。

比如，英国作家阿瑟·柯南道尔笔下聪明绝顶的大侦探夏洛克·福尔摩斯，历史上根本没有这号人物，但是现在到伦敦去旅游的人都有计划，到书里面描写的“贝克街 221 号”去探访一下福尔摩斯和华生的公寓，这合理吗？柯南道尔不知会做何感想。

再如，丹麦童话作家安徒生笔下的《海的女儿》，写的是一条想变成人的美人鱼的悲伤故事。在丹麦首都哥本哈根的海边，还真有这样一个变成人的“海的女儿”的雕像，游客经过就说“看，那是海的女儿哎……”，我就纳闷了，海的女儿根本就不存在好吗？

但是这些都反映了传世作品里的经典形象深入人心，因此成为了一个地方的人情和文化的象征。

今天我要讲的这本书的主人公也一样，而且要比柯南道尔的“福尔摩斯”和安徒生的“海的女儿”影响力更大——瑞士女作家约翰娜·斯皮里笔下的经典人物——海蒂。

本书的书名有时还被翻译成《小海蒂》，生怕读者不知道这是

一个“小”女孩的故事。为什么说海蒂要比福尔摩斯和海的女儿更出名？那是因为在瑞士，海蒂这个虚构的小女孩被称为“第一公民”。自从这个人物形象被塑造出来，整个瑞士就好像真有这个小女孩，各种相关品牌如雨后春笋般冒出来，什么“海蒂牛奶”“海蒂巧克力”“海蒂奶酪”等，这些产品还都能理解，因为小朋友都比较喜欢，竟然还有“海蒂葡萄酒”……用小女孩的名字作为葡萄酒的品牌，这也是脑洞大开的命名方式。可以说海蒂基本上就是瑞士的形象代言人，还是不用给代言费的那种，经济又实惠。

海蒂到底是瑞士哪个地方的人也有争论，瑞士本土有两个地方为此展开了激烈的争夺，一个说海蒂是我们这儿的人，一个说海蒂才不是你们那儿的人，他是我们这儿的——你说你们争个什么劲，谁不知道这是文学作品里的人物？但还真有不明真相的游客喜欢这样的“文化传统”。

各位同学如果有机会去瑞士旅游的话，千万别被人骗了，如果有导游和你说：“小朋友，你知道海蒂是哪里人吗？”你就可以回答：“知道啊，她是书里的人”。

一个有超能力的“小萝莉”

那海蒂这个小女孩到底有什么魅力，让瑞士的不同地方争先恐后地说海蒂和他们有关系呢？

答案是海蒂被作者塑造成了一个治愈系的少女，她的人物形象问世之后，估计瑞士人民都觉得和自己有种天然的相似：阳光热情，温暖坚强。书里面所有的人物，在没有遇到海蒂之前，都跟头顶上天天有一片乌云随时可能打雷下雨一样，在遇到海蒂之后，无论什么样的抑郁情绪都给治好了。

海蒂和很多文学作品的主人公一样，自身命运坎坷，但是她自己不知道命运的不公平，天性乐观，有点穷开心的意思。

海蒂小时候父母双双去世，她是被姨妈带大的。海蒂的姨妈是给有钱人家做帮工的，因为工作关系她有一段时间无法照顾外甥女海蒂，遂想起来海蒂的爷爷还活着，住在雪山上边，于是就把海蒂送过去让爷爷帮着带。

治愈系的故事就是从这里开始的。

海蒂的爷爷是个老顽固，和全村人的关系都不好，一天到晚板着脸，谁看见他都感觉自己像欠了这个老大爷好几千块钱一样。因为不愿意和村里其他人居住，他就一个人住在山上，颇有种“小隐隐于山”的意味。而海蒂的老家，实际上还不在这个村，她不是这个村里土生土长的人。这个村子不咋大，有雪山有树林，邻里乡亲挺和睦，除了爷爷不合群。

自从海蒂过来和爷爷一起住了以后，老人家的人生就不一样了，顿时感觉自己的世界光明起来，夕阳红了；书的最后，爷爷竟然搬回村里和大家住在一起了，所以海蒂第一个治愈的就是她爷爷。

海蒂治愈的第二个人是和她青梅竹马的小男孩彼得。彼得和大部分小男孩一样——只要不让我上学，让我干什么都行。彼得平时的生活就是“放羊 + 逃学”，刚开始的时候，学校里老师还问问：“彼得今天怎么又没来上学啊？”后来直接就不问了，因为彼得来上学了才奇怪呢。

海蒂的学习成绩也很一般，但是看着彼得大字不识一个，觉得这样不好，于是自告奋勇开始给彼得当家教，从“abcd”一直教到“xyz”。讲到这里可能很多读者会问，为什么学校老师教不会彼得，而海蒂能教呢？我想这可能就是朦胧的爱情的力量。如果你的偶像或者你喜欢的人给你当家教，你会不会拼命学习这个学科？

海蒂治愈的第三个人是彼得的奶奶。彼得的奶奶眼睛不好，看不见东西。人如果看不见东西就容易发脾气，精神不愉快，比如《射雕英雄传》里的梅超风，瞎了之后就成了疯婆子。好在彼得的奶奶就爱吃个面包听个诗歌啥的，要求不高。

海蒂小朋友特别会逗老人开心，想办法给彼得的奶奶读诗歌，向她自己的闺蜜要面包等，看书里的描写，感觉彼得的奶奶对彼得也就那么回事，海蒂更像是她亲孙女。

海蒂治愈的第四个人，也是这本书里另一个重要的人物，是海蒂的闺蜜克拉拉。克拉拉是个富二代，可是这个有钱人家的小姐命不好，腿有病，站不起来，整天坐着轮椅，干什么都没精神。

她和海蒂是怎么认识的呢？前面不是埋下了一个伏笔是海蒂的姨妈在有钱人家当女佣吗？海蒂的姨妈和克拉拉家的女管家认识，女管家想给自家大小姐克拉拉找个年纪相仿的女生当陪读。在我们

国家古代也有伴读书童，王孙公子、大家闺秀小时候一个人看书比较寂寞，需要找个伴儿陪着。

海蒂的姨妈就把海蒂送过去了。但是海蒂特别不适应有钱人家的生活，入住克拉拉家里就开始给女管家添麻烦，还因为梦游，把克拉拉全家人吓得够呛。

海蒂为什么会梦游？因为她还想回她爷爷家，她觉得自己不适应城里的生活——苍茫的天涯才是她的爱，连绵的雪山脚下花正开。白天她不敢走，于是只能在梦里溜达。

克拉拉一家人想这样不行，海蒂早晚会梦游走回去，大晚上一个穿睡衣的女生走在街上，即便不被坏人抓走，吓着别人也不好。克拉拉的家人决定把海蒂送回到雪山脚下。但经过这段时间的相处，海蒂和克拉拉成了好闺蜜，没事通个信，快递个礼物什么的。

有一年的夏天，克拉拉到海蒂这里玩，生活了一段时间之后，奇迹发生了——她的腿好了，克拉拉又重新站起来了！

海蒂最后的治愈已经不仅仅是精神治愈，还带有物理治愈的属性，当读者阅读到克拉拉能够站起来的时候，内心的潜台词往往都是这样的：

“为什么不让克拉拉早点过来生活呢？”

“海蒂之母”的故事

海蒂的形象算到今天，应该快有一百四十岁了，本书在世界范围内被翻译成五十多种文字，出版了几千万本，还有动画片、电影和电视剧。总之，如果不知道海蒂这个治愈系的小萝莉，那么就别说了解瑞士这个国家。

本书的作者斯皮里夫人写这本书的时候使用的是德语。她想讲述的是瑞士德语区的乡村故事。斯皮里夫人也算是大器晚成的作家，年过半百才开始写作，在此之前她是个家庭主妇。

我们所接触到的很多伟大的作品，作者都不是天生的作家，也不是一开始就进行写作训练，但是他们的确都有自己想要表达的欲望和想传递的思想。写作与其他的创作相比是离思考最近的，只要你喜欢去“想”，就可以去实现你的“想”。

我认为每个人身上都有“写作”的基因，只不过有的人激发出来了，有的人终其一生都没有被激发，有的人激发得早，有的人激发得晚。世界也是如此，每个人都是一样的，但每个人又是不一样的，能够接受别人的不一样，别人才有可能接受自己的不一样，这一点并不容易做到。不过如果你愿意，谁知道你还有哪些惊人的基因呢？

所以，有喜欢的事情一定要去干，什么时候都不算晚。

微信扫描二维码，随时随地听好书

第十七个星期五

《西游记》：作为一个妖怪，想吃唐僧肉有错吗

Marvin 这天闯祸了。

福尔摩想看最高层架子上的《罗摩衍那》，Marvin 需要踩着梯子把书取下来，可不知为何，平时就在眼前的梯子，越到用的时候越满世界找不着。Marvin 只好挺着小肚子，扒着书架的边，踩着两把椅子，踮着脚尖伸手去够这部印度史诗。

眼瞅着颤抖的食指就要碰到书脊，没想到左脚的椅子不堪重负，壮烈牺牲了。

失去支点的一刹那，Marvin 死命把住能抓到的东西，可惜满架子的书仿佛也想出来透透气，纷纷跟随 Marvin 不轻盈的身躯坠落。恍惚间 Marvin 真的是置身知识的海洋，一如电影里的慢镜头，翻滚之中他眼前闪过“伽利略两个铁球同时着地”的故事，还没等看明白，“哐”“哗啦”——Marvin 抱着《罗摩衍那》蜷缩在了“海洋书”里。

“我……其实也不是非要看，”福尔摩从 Marvin 怀里抽出《罗摩衍那》翻了几页顺手把书放在门口的梯子上，“我就知道我看不懂。”

Marvin“啊”的一声跃起，追着福尔摩跑了出去。电光火石间，他碰倒了文具台，撞翻了新书柜，就连写着“今日推荐”的小黑板也被他硬扯下来当作了投掷的武器……

看着听书馆里的一片狼藉，花生粥老师嘟囔了一声：

“原来你还真是个弼马温，我得讲讲《西游记》，压压这只臭猴子。”

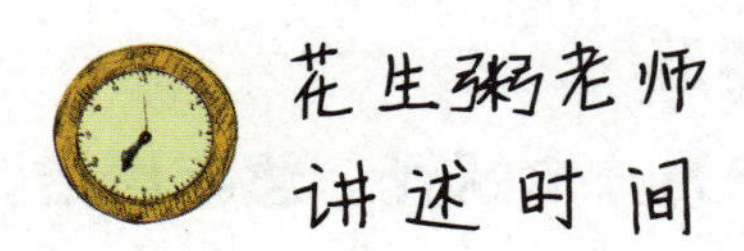

我是妖怪我有理

中国古代四大名著是什么同学们肯定能倒背如流，如果记不住，告诉大家一个诀窍：大部分是女人的叫《红楼梦》，大部分是男人的是《水浒传》，有男人也有女人的是《三国演义》，而大部分不是人的是《西游记》。

《红楼梦》里最喜闻乐见的是“妹妹救我”，《水浒传》里最司空见惯的是“叔叔救我”，《三国演义》里最屡见不鲜的是“军师救我”，《西游记》里最耳熟能详的是“猴哥救我”。

今天我们来聊聊“大部分都不是人”的《西游记》。

明朝浪漫主义作家吴承恩的《西游记》是一本被解读了很久、很多、很过度的书，特别是孙悟空、唐僧、八戒、沙和尚，还有白龙马的人物关系被吐槽和曲解得不少。但关于《西游记》里的妖怪没有得到应有的重视，所以我想先讲讲妖怪。

来看几个同学提出的问题。

问题一：为什么《西游记》里的妖怪每次都把唐僧抓走，而留下白龙马呢？

回答：我觉得是因为虽然龙肉也很好吃，但是和唐僧肉比起来，营养价值差距太大。

问题二：《西游记》里妖怪抓到唐僧不吃，真的是因为拖延症吗？

回答：我觉得不是因为拖延症，而是因为刚买的水果还没成熟，要捂一捂等熟透了再吃。因为很多妖怪都是食草动物“进化”来的，以前吃素，可能现在吃肉开荤也以为要捂一捂。

问题三：为什么《西游记》的妖怪都喜欢吃蒸的唐僧肉，而不使用其他的烹饪方法？

回答：提这种问题的同学一看就没有什么生活经验，煎炒烹炸、爆烧盐焗这些都得在下锅之前做个处理，蒸唐僧只需要把唐僧洗干净就可以，比较简便。

问题四：为什么《西游记》一开始十万天兵拿不住孙悟空，但是后来一个妖怪就能让孙悟空吃尽苦头？

回答：这个问题很早就有答案了，因为十万天兵是给玉皇大帝打工的，不是在做自己的事业，不会和孙悟空拼命；而取经路上的妖怪都是自己创业的，所以要和孙悟空拼命。

妖怪不等于妖精，能成精的一般是植物、物品或者昆虫。比如柳树精、蜘蛛精。而妖怪一般都是动物变的，比如狐妖，羊妖。有的同学就问了，孙悟空本身是不是妖怪？答案是也不是。他是采天地之灵气，集日月之精华的石头变的，先成了精，之后成了猴子，然后成了妖，所以孙悟空才是真正的“妖精”，他在取经路上呼喝“呔，妖怪，哪里走”的时候，妖怪的心情可想而知。

有人做过统计，《西游记》里主要妖怪有 44 个，死了 21 个，

23个活下来。其中有背景的妖怪有18个，没有背景的26个，这26个没有背景的妖怪里死了的有20个。

男妖怪30个，21个活下来，9个死掉；女妖怪14个，死了12个，活下来2个，女妖的死亡率高达85.7%。可见，女妖在《西游记》里是一个高危的行业。《西游记》里的女妖很多都对唐僧有非分之想，抓唐僧不是为了吃他，而是都想嫁给他。

比较厉害的是有法器宝物加持的妖怪，比如有五件宝物的金角大王和银角大王，他们那个黑洞一样能把人吸进去的羊脂玉净瓶，谁见了谁都害怕。其实没有最厉害的妖怪，只有更厉害的宝物，即便是单体作战能力极强的孙悟空，还要有个金箍棒。

如果妖怪有自己的朋友圈，他们的状态都是什么样子呢？

他们多半会这样：抓到唐僧把他绑在柱子上，先拍张照片，配上一段文字说“今天的晚餐，马上下锅了”；白骨精假扮小姑娘被孙悟空识破逃跑之后，分享一个链接“你不得不看的脱身法术”；红孩儿被观音收服之后，牛魔王和铁扇公主发了段文字“他还只是个孩子啊”，然后配了两个小表情，一个是匕首，一个是猴子；玉皇大帝四海龙王纷纷给他俩点赞。

《西游记》里的妖怪都很厉害，可是生不逢时，谁叫他们遇上了超级外挂孙悟空呢。本来《西游记》里的主人公孙悟空火眼金睛，七十二变，一个跟头翻出十万八千里，“拔一根毫毛吹出猴万个”

就很厉害了，怎奈孙悟空还和天庭、灵山、龙宫、地府都有关系，每次自己打不过，都放大招搬救兵。这种设定其实不太符合我们当代人阅读的习惯，我们喜欢看的是打怪升级的故事，喜欢看的是缠绵悱恻的爱情，喜欢看的是匪夷所思的推理……而《西游记》里这些内容基本没有。

《西游记》还揭示了一个道理，“问世间情为何物，一物降一物”。书里写的妖怪固然厉害，但都打不过孙悟空；孙悟空固然厉害，但唐僧一念紧箍咒就脑袋疼；哪个妖怪单挑唐僧不是分分钟变成长生不老？所以脱离任何参考标准的比较都是没有意义的，如果你让我选，我觉得还是如来佛祖厉害。可佛祖虽厉害但实在无趣，如果让你穿越到《西游记》里，你会发现还是想当孙悟空，因为这样的“猴生”才精彩。

关于吃唐僧肉可以长生不老的套路

如果我是一个妖怪，我想长生不老没有什么错误，别说吃一个和尚，就是让我吃一百个和尚，只要能永远年轻，那我也愿意，谁叫我是邪恶的化身呢。当神仙的每天开开心心地四处游玩，凭什么同样有法力有神通的妖怪，就得为了生计而奔波？这不是一个公平的世界。

但吃了唐僧肉就能长生不老吗？我看未必。

吃唐僧肉可以长生不老这件事，可能根本就是个大骗局，《西游记》里的妖怪也许都被如来佛祖给“套路”了。

我们知道唐僧师徒一行四人西天取经走了十几年，见到佛祖之前经历了八十次灾难，真正取经装车花了不到半天时间。佛祖一问弟子，观音大士掐指一算，这唐僧才经历了八十次灾难，可不能坏了规矩，九九八十一难才是佛门正宗的吉祥数字，他们不能少一难；于是在唐僧离开灵山之后，硬生生又给他们加了一次灾难。这说明什么？这说明佛祖是个强迫症患者，数字对不上，他看着就难受。

但怎么就这么巧，取经路上正好经历了八十难？为什么不是八八六十四难，七七四十九难，六六三十六难？参考最后一难的来龙去脉，取经路上经历八十一难完全有可能是西天的佛教系统有组织有计划有预谋的。

因为很多灾难都是降妖伏魔，打怪驱邪，大多数看上去和佛祖没有直接关系，他怎么能设计成这么完美的样子呢？

道理很简单，那就是想办法发动妖怪给唐僧师徒找麻烦。妖怪在《西游记》里作为一种普遍的存在，通常都有一个固定的出场和退场套路：

首先，发现唐僧他们来到自己的地盘。

其次，想办法把唐僧弄到自己的秘密基地，准备开火吃肉企图长生不老；或者准备婚礼和唐僧成亲。

再次，孙悟空杀上门来，妖怪用自己的独门法宝搞定孙悟空。

最后，孙悟空四处搬救兵，反过来搞定妖怪救出唐僧。

在这个深深的套路里面，最关键的就是妖怪要吃唐僧肉。但是

唐僧的“出场配置”是一个白胖和尚，吃这个和尚最多就是肥肉多脂肪厚一点，理论上赶不上吃猪八戒的，那为什么妖怪偏偏单好这一口唐僧肉呢?

原因是“吃唐僧肉”在妖怪的观念里可以长生不老。

那么问题来了，谁说吃唐僧肉可以长生不老呢?妖怪们之间是如何得到这个天大的秘密的呢?究竟是谁走漏了这个风声呢?

结合前面的猜想，“吃唐僧肉”这件事可能就是个骗局。

妖怪也是无利不起早，正是因为有了“吃唐僧肉可以长生不老”的传言，他们才会不断地制造取经路上的麻烦，省去佛祖很多心。如果没有传言，妖怪找孙悟空的麻烦，那真是没事找抽。

再者，如果佛祖不采用这种方式，那么取经路上九九八十一难的数目很难凑够，都让神仙下凡很不好。神仙都是道家的人，佛家的面子估计没那么大。

而且妖怪出手添乱之后，孙悟空求人帮忙，佛祖派人出手相救，送了顺水人情，还让唐僧师徒对自己感恩戴德，实乃一箭双雕，一举两得。

如此说来，还是佛祖深谋远虑。

那么吃唐僧肉到底能不能长生不老呢?

这里要说明的是，对于妖怪来说，长生不老是不会死去且永远年轻，不是简单的长寿。妖怪都经过长年累月的修炼，如果吃一口唐僧肉多活三五十年，根本不会有吸引力。从唐僧的肉体凡胎来看，吃唐僧肉延年益寿可行性比较大，但是长生不老纯属无稽之谈。

吃唐僧肉到底能不能长生不老，这里有以下几点供大家参考。

第一，整个《西游记》里就没有长生不老的神仙。有据可查的是玉皇大帝的年龄，《西游记》第七回，佛祖对孙悟空说玉皇大帝经历了一千七百五十劫，每劫十二万九千六百年。这么一算，玉皇大帝虽然有两亿多岁，但是也是有年龄可计算的，没说可以长生不老。而我们看《西游记》，多少感觉佛祖应该比玉皇大帝厉害那么一丢丢，一个是佛家一个是道家，但彼此见面也都是客客气气的，不像谁比谁更厉害一些，据此推测佛祖也应该是有具体年龄的。

所以长生不老这件事只要有神仙活着，就不能说肯定成立，因为还有可能死掉，只要死了，那就肯定不是长生不老。长生不老本身就是个未经证实的假设，《西游记》里的妖怪真是封建迷信到家了，未经科学证实的事都能信。

第二，唐僧自己离长生不老还差得远，他自己都未必长生不老，又怎么能让吃他的人长生不老呢？《西游记》里唐僧在万寿山镇元大仙那吃了“草还丹”，就是形状看着像小孩子似的人参果，一开始还吓得不敢吃，后来也不知是馋了还是怎么着，临走的时候吃了一个。“草还丹”在《西游记》的设定是吃一个多活四万七千年。也就是在取经路上，唐僧的寿命其实也是有数的，最多也就四万七千岁，取经成功之后成佛了活得时间还能久点。但这个年龄段位，可能还不够妖怪塞牙缝的，真不如吃了猪八戒划算。

第三，吃唐僧肉可以延年益寿应该是成立的。第一个有明确意思表示吃唐僧肉可以长生的妖怪是白骨精，白骨精是在唐僧师徒离开万寿山镇元大仙那里出现的，之前的妖怪都没有这个意识。这说明什么？说明唐僧吃了人参果的消息被白骨精知道了，白骨精不知是有心，还是无意，把这个“绝密”消息走漏了。妖怪攻打镇元大仙的可能性不大，因此妖怪吃不到人参果，但是不是吃唐僧肉也就相当于吃人参果了？可能就是宁可信其有的心态作祟，妖怪心想无非是个风险大一些的和尚，吃了也就吃了，一旦侥幸长生不老了呢？

那白骨精怎么知道的？不可能是镇元大仙自己说出去的，也不可能是唐僧师徒四人说出去的。那么还有谁知道唐僧吃了人参果这件事呢？吃人参果的现场还有另外一位——观音菩萨，观音菩萨是被孙悟空请来救活人参果树的，所以只能是她走漏了风声。那观音菩萨为什么要走漏风声？因为她是如来佛祖的人，就是要想办法造成妖怪的骚动进而考验唐僧师徒。

如此一想，如来佛祖真乃战略家。

你以为当个神仙容易吗

再来聊聊《西游记》里的神仙。

凡人的观念里，当神仙是特别快乐潇洒的事情。可是不能只看狼吃肉，不看狼挨揍，我们不能只看到当神仙的潇洒，而看不到当神仙的难度。

你知道当一个神仙需要多努力吗?

首先，成仙就很难。神仙不都是天生的，《西游记》里的神仙都是修炼出来的，而且神仙都已斩断七情六欲，因此不可能有两个神仙相爱后生出小神仙这样的事。

整个《西游记》的天兵天将里，明确有孩子和家庭的就是托塔李天王李靖，但李靖还是先有了家庭以后才成仙的，属于天庭里的例外。李靖是如何成仙的，还要到《封神演义》找经过，现在看来是搭了“批量成仙”的便车，再加上自己有个不懂事的孩子——哪吒——生下来算是成仙了。所以李靖成仙，在天上还能管管自家孩子，纯属是个例外。其他的神仙应该都是单身，特别是玉皇大帝和王母娘娘不是两口子，他们俩没有小孩。

如来佛祖说神仙有五个级别，分别是鬼仙、人仙、地仙、神仙和天仙，“神仙”应该是统称。最低级别的“神仙”是鬼仙，土地公公算是鬼仙，妖魔鬼怪都能上去踩一脚欺负一下的那种；人仙在《西游记》里没有明确出现过；地仙可以把万寿山五庄观的镇元大仙算进去，他是地仙的祖宗；神仙就是“福禄寿三星”那种，似乎有一技之长掌管点什么；《西游记》里剩下的大部分是天仙，说白了就是天上的仙，孙悟空被封为弼马温之后就属于天仙，猪八戒和沙和尚没犯错误之前也都是天仙。

神仙是道家的体系，所以要想成仙，不用去西天取经，取经是要成佛。与成佛比起来，成仙真的是难多了，因为放下屠刀，便可立地成佛。而想成仙最大的障碍就是寿命，活得时间越长，成仙的可能性就越高。那怎么长寿呢？光靠自己不行，要吃药，药还不能停。

太上老君炼的丹是一种药，吃一颗就能长寿，还可起死回生。乌鸡国国王就是被孙悟空死皮赖脸地从太上老君那里弄来的丹药给救活的。孙悟空自己在炼丹炉里待过，相当于是“药匣子”。可是对于普通人来说，炼丹难度看上去不大，但是没看到有人成功过，所以成仙不如成佛划算。

第二，成了仙之后，保持神仙的身份更难。神仙序列里面也有等级，和人类社会差不多，一般来说高级的神仙可以指挥低级的神仙。孙悟空一召唤土地公公，土地公公就乖乖出来当地陪；孙悟空跑到四海龙王那里要什么给什么，还骂四海龙王是“带角的蚯蚓，有鳞的泥鳅”，要是别人这么说龙王，龙王肯定要发动虾兵蟹将收拾他，可孙悟空是高级天仙，权力很大，也加上孙悟空连天宫都敢闹，估计不会把龙宫的龙王放在眼里，所以龙王听孙悟空的话并不奇怪。

神仙序列里还有淘汰机制，没有成绩没什么大不了的，因为天庭不需要你管，人间的事不能瞎管；可是如果神仙犯了错误，那不好意思，不是关系户就不能再当神仙了。

猪八戒是很好的例子，他在修炼成仙之前遵纪守法，内修外炼数年，终于位列仙班。但是当了神仙之后疏于理论学习，贪图享乐，开始对自己的神仙同事有非分之想，加上蟠桃会上喝了一点小酒就忘乎所以，打了嫦娥的主意，这才失去了神仙的身份。

沙和尚也是，不过他比猪八戒更冤，也是在蟠桃会上，也是因为喝了点小酒，不小心打破了一个琉璃盏，于是就被剥夺了神仙的

资格。照理说打破了一个单位里的装饰品没什么了不得的，一个琉璃盏再贵能值几个钱？估计沙和尚也赔得起，主要是沙和尚酒后失态，在领导面前撒酒疯，这就上升到原则问题了。

这说明了两点，第一是喝酒可以暴露压抑的本性，神仙酒量也有高低；第二是酒还是要少喝，如果不压抑，总释放自己，连神仙都不让你干了。

不过，这个淘汰机制也有回转的余地，在神仙系统里只要有关系，犯了错误也没什么了不得的，关键是不能在天界犯错误。在人间犯了错误，只要天上有人保，一样没事。什么太上老君的青牛，炼丹的童子，变成黄袍怪的奎木狼，观音池子里养的金鱼，下凡人间为祸一方，给唐僧师徒四人添了麻烦后，还可以回去当神仙，这让猪八戒和沙和尚情何以堪。可能这也是他俩要跟随唐僧去西天取经的原因之一，道家神仙不好混，还是去西天当佛家的干部吧。

第十八个星期五

《哈利·波特》：真有魔法学校，你敢去吗

往年国庆节一过，花生小学的孩子们能期待的就只有寒假了，新年因为有期末考试的关系，想要完全投入到跨年的行列，还是要看一下父母和老师的脸色的。

然而不知从什么时候开始，万圣节杀入了年底的档期。最近总有拎着南瓜的孩子走进听书馆，还有穿着奇装异服的听众进进出出，花生粥老师就差点儿被一个脸上画着骷髅妆的小女孩吓得大叫一声，险些两个人都哭出声来。

福尔摩送来一批万圣节的装饰品，还强行要求 Marvin 打扮成巫师的样子，并说这样才是最新的潮流，孩子们会更喜欢他。

福尔摩问花生粥老师要不要也化一个装，花生粥老师说：

“请给我的脑袋上来一道闪电伤疤，今晚我想讲讲魔法学校的故事。”

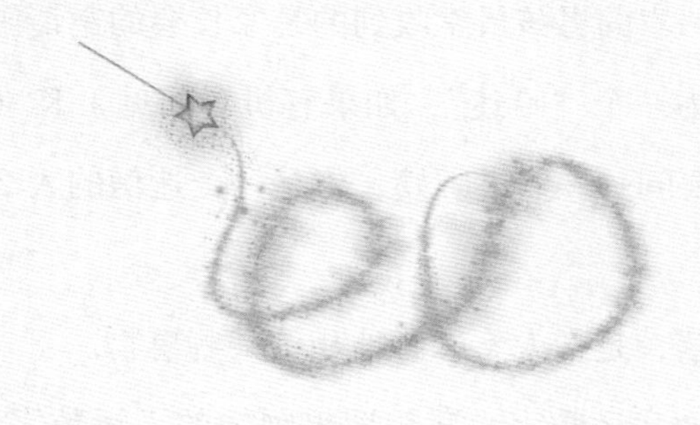

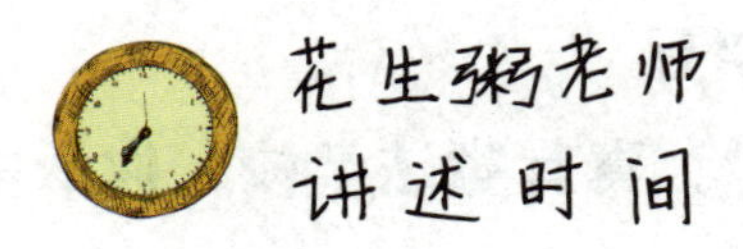

J. K. 罗琳的数字迷信

如果有这样一个系列的书，陪着一代人成长，那这代人的身上就会有这本书的影子。

在花生粥老师从小学到大学的十几年时间里，世界上诞生了这样一个小男孩，他的头上有闪电伤疤，他的童年凄惨但他勇敢坚强，你一定猜到了，他的名字是哈利·波特。

《哈利·波特》系列小说一共有七本，近三百万字的阅读量，每次看到书柜里整套的书，我会回想起自己童年里最疯狂的一段时间——在脑袋上画一道闪电伤疤，拿着筷子当魔杖，骑着笤帚来回乱蹦，在院子里大喊“阿瓦达索命”……可能很多像我一样的孩子小时候都会渴望十一岁的时候收到一封猫头鹰寄来的信，可实际上往往十一岁的男孩最常收到的是家长会的邀请函。

作为一个“哈迷”，如果有机会面见 J. K. 罗琳阿姨，我只有一个问题要问——罗琳阿姨，你是一个迷信的人么？

迷信，是指人不理解地相信某些事物。

比如幸运数字，我想罗琳阿姨的幸运数字肯定是 7。因为《哈利·波特》系列一共有 7 本，在霍格沃茨魔法学校正常毕业要 7 年，

伏地魔的魂器一共有 7 个，红头发的韦斯莱家里的孩子有 7 个，风靡整个魔法世界还举办过世界杯的魁地奇赛每队的选手需要 7 名，《哈利·波特与密室》中最后的密室上的蛇有 7 条，《哈利·波特与火焰杯》里疯眼汉穆迪的大箱子的锁有 7 把；再看哈利·波特本人，他是 7 月份出生的，他的魁地奇球衣号码也是 7……可见，罗琳女士特别喜欢 7 这个数字。

好在她喜欢的不是 100，如果是 100，别的不说，光摧毁伏地魔的魂器就是不可能完成的任务了。

既然有幸运数字，那罗琳阿姨有倒霉数字吗？

我认为应该是 13，西方文化里有"黑色星期五"的说法，如果星期五赶上每个月的 13 号，那真有一种让人连喝水都怕塞牙的感觉。"哈利·波特"系列里有个"神棍"老师，算命神婆特里劳妮教授，别看她一天到晚神神道道的，她每一个重要的预言可都应验了。

她给哈利·波特上课，让他通过观察茶杯里茶叶的形状来预测自己的命运，哈利·波特与我们很多同学一样，为了应付作业，虚构了自己很多遭遇，如遭到火烧的危险、失去宝贵的东西，被认为是朋友的人背后捅刀子……这在《哈利·波特与火焰杯》里全部应验了。

哈利·波特首先遭遇的是匈牙利树蜂，会喷火，让哈利遭受了火的伤害；其次是罗恩被抓走，让他感到失去了宝贵的东西；被认为是朋友的人背后捅刀子的事就很多了，因为哈利·波特是男一号，背后捅他的人太多了。

这和倒霉数字 13 有什么关系呢？

特里劳妮神婆说了这么一句话，“13 个人聚在一起，第一个站起来的第一个死”，如果魔法世界里把这种东西发朋友圈，然后加上“不转不是英国人”的话，那都是要被诅咒全家的。

这个预言在哈利·波特的故事里不止一次应验。

《哈利·波特与阿兹卡班的囚徒》中有一场圣诞派对，特里劳妮教授到场前已经有 13 个人了，她来了之后，邓布利多教授站起身来迎接她，这 13 个人里邓布利多先死了。

《哈利·波特与凤凰社》中格里莫广场的聚会上，13 个人中小天狼星第一个站起来，他在这一部里就牺牲了。

《哈利·波特与死亡圣器》中疯眼汉穆迪的追悼仪式上，13 个人中狼人卢平第一个站起来，他也是这 13 个人里最先走的。

邓布利多、小天狼星和卢平都是哈利·波特系列中人气特别高的角色，让他们死去，可见作者的良苦用心。

教什么也别教《黑魔法防御》课

很多同学着迷这个系列的魔法故事，是因为其中有与学校生活非常相似的地方，阅读时并不觉得遥远。特别是我们都知道学校里最厉害的一般不是校长，而是教导主任、班主任、科任老师甚至是修理设备的工人。还有魔法学校的课程，看罗琳阿姨的安排，会觉得和我们读书的学校风格真的十分相似。

“哈利·波特”系列里霍格沃茨魔法学校的课程一共有十几门，

有二十几位老师。其中影响力最大的是《黑魔法防御术》这门实用性极强且带有诅咒属性的课。而且这门课自带诅咒，授课教师不是死了就是疯了，再不就是被辞退、被假冒或被学生讨厌。

花生粥老师作为一个教过小学生、中学生和大学生的老师，我深知被学生喜欢是最重要的，如果被学生讨厌，可能真就不适合教师这个行业。

因此我想和大家聊一下《黑魔法防御术》这门课的老师。

这门课一年级的老师叫奇洛，是《哈利·波特与魔法石》的反派，一直戴个头巾。戴头巾不是因为追求时尚，而是因为伏地魔附在他后脑勺上。其实这样特别不利于伏地魔和别人交流，我觉得文在胸口就方便多了，遇到敌人时像超人一样把胸口衣服一扒，“蹭”地一下，露出个脑袋，还能吓唬人。本书到最后才把伏地魔的脸露出来和哈利·波特对话，相当于奇洛本人此时是后背对着哈利·波特，这样和别人说话特别不礼貌。面对哈利·波特，他失败的原因可能是因为“过敏”，一碰到哈利·波特，他就像被电击了一般，硬生生被“电”死了。

一年级的《黑魔法防御术》老师给学校捅了这么个大娄子，霍格沃茨校方只好聘请新的授课老师。所以在哈利·波特二年级的故事里我们看到了“绣花枕头”教授吉德罗·洛哈特。绣花枕头，就是中看不中用的意思。

洛哈特教授英俊潇洒，一头波浪金发，甩来甩去；一双蓝色眼睛，飘来飘去。他还是个当红作家，深得魔法世界上至四五十岁的妇女下到十四五岁的少女的欢迎。他在《哈利·波特与密室》里主要不负责教课，而负责搞笑。吉德罗·洛哈特教授总是自我感觉良好，最大的笑点就是他本来冲着别人释放的魔咒反弹到了自己身上造成失忆。洛哈特教授极好地诠释了中国的两个成语，一个叫“作茧自缚”，一个叫“自食其果”。

到了哈利·波特在学校的第三年，整个故事童话般的浪漫美好少了，取而代之的是恐怖的枝丫开始在书中渐渐生长。

这一年的《黑魔法防御术》的老师是莱姆斯·卢平，他出身不好，就业困难，小时候还被狼人咬过，一到满月他就会变身狼人。三年级的卢平教授是这门课历任老师里最符合现实生活中中好老师形象的：看上去有点可怜，对学生既关心又严厉，如果不是一到满月就有可能咬人的话，他还是很有希望被评为“霍格沃茨十佳教师”的。

值得一提的是，卢平和哈利·波特的父亲是好哥们儿，他们小时候在学校里一起调皮捣蛋过，后来他摇身一变，成了学校老师，还教着自己兄弟的儿子，缘分真是妙不可言。

四年级的时候《黑魔法防御术》的老师表面上是著名的傲罗“疯眼汉”阿拉斯托·穆迪，实际上是食死徒小巴蒂·克劳奇。这可以说是整个《哈里·波特》系列小说里最腹黑的角色——正经的“伪装者”，他通过复方汤剂伪装成穆迪在学校给孩子们教课。关于黑魔法最主要的三个咒语都是他教给哈利·波特的，也就是说哈利·波特成长的功劳，他有一半的军功章。

小巴蒂·克劳奇的最终目的是把哈利·波特送到伏地魔身边，我们在惊讶和感叹这种卧薪尝胆和忍辱负重的斗志之余，不免替真正的穆迪捏了一把汗，因为他被自己的箱子锁了九个月，即便原来不是疯眼汉，现在也是了。

作为一个知名院校的重要课程，授课教师每年都出事，可能已经让魔法部忍不了了，所以等到哈利·波特念五年级的时候，魔法部就派了一个用原著的话说“长得像一只苍白的大癞蛤蟆一样”的女巫——多洛雷斯·简·乌姆里奇，别看她不招人喜欢，她可是魔法部的高级副部长。罗琳阿姨借用她讽刺了官僚主义者的嘴脸，她最恶心人的地方就在于当面一套背后一套，一方面打着要保护学生的旗号，一方面还体罚学生。她体罚的工具特别新颖，让学生用吸了自己血的钢笔写字，每写一笔都会在自己的手上划下对应的血痕，弄得学生的手都跟受过刑一样。她还派食死徒袭击哈利·波特。你能想到这是一个老师做出来的事吗？这本书里如果有最不称职的老师，那乌姆里奇教授排第二，无人排第一。

教师是一个伟大的职业，但并不是所有的教师都伟大。《哈利·波特》系列小说中的老师与现实生活中其实是一样的，也许有阴暗面，也许爱贪小便宜，也许有所企图……老师也是活生生的人，要允许老师也有解答不了的问题，不要嘲笑老师，小心他们会对你使用现实生活中最让你感到头疼的“咒语”——

请让你的家长到学校来一下！

微信扫描二维码，随时随地听好书

第十九个星期五

《纳尼亚传奇》：异世界的正常打开方式有几种

冬天要到了。

海滨的寒冷来得格外早，昨天还是深秋高照的艳阳，今天就是初冬刮面的北风。可怕的还不止降温——听书馆的暖气坏了！

Marvin 穿得像个粽子，裤腰带艰难地箍在整个人的中部，生怕一喘气，自己就溃不成军。

花生粥老师死也不离开电暖气方圆几米的位置，姜丝可乐、暖宝宝、军大衣、雷锋帽……活像一个刚从赤道附近搬到极圈生活的人，害怕露出脚踝会被冻成冰棍。

以往进出听书馆没有随手关门的听众，都不会像今天这样被馆里的人怒目而视，甚至有的已经走进外面的巷子，还能感受到背后追杀过来的目光。

“鬼天气，要是能躲在暖和的柜子里就好了。”Marvin 哆哆嗦嗦地说道。

“你以为衣柜里就是夏天了么，今天我给你讲个以衣柜里的冰天雪地作为开始的故事吧，把你背后那套《纳尼亚传奇》拿过来，我不想伸手……”花生粥老师把自己裹得更紧了。

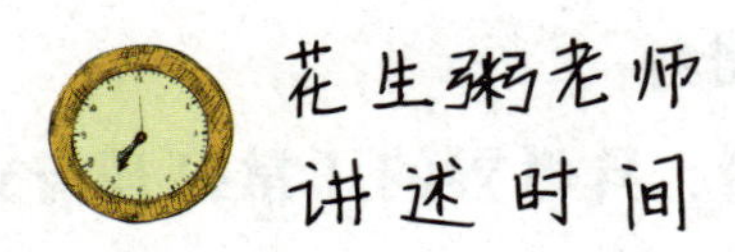

大衣柜里的魔法世界

我是个近视眼，戴眼镜的历史能追溯到上个世纪。两只眼睛加起来的度数快要到一千五百度了。作为一个摘了眼镜之后“二十米外雌雄难辨，三十米内人畜不分”的人，我深知，如果不戴眼镜出门，最可怕的是一不小心走错厕所。

不过，眼神不好，你还可以戴眼镜；要是心眼不好，该怎么办呢？

这里说的心眼不好，有两种含义，一个是指脑子不好使的人，一个是指坏人。今天要讲的书中这两种心眼不好的人都有。英国作家 C. S. 刘易斯的奇幻小说《纳尼亚传奇》系列，共有七本书，我们有选择地讲一讲其中的部分内容。

这本书的名字其实不太能让人知道它的内容，因为这个系列的故事有很多主人公，到最后才有浑然一体的感觉。第一部《狮子、女巫和魔衣橱》的故事实际上是佩文西家的四个兄弟姐妹，无论是狮子还是女巫，都不是这本书的主角，更不要说魔衣橱了。但这三样东西却是读懂纳尼亚奇幻世界第一部的关键。

“二战”的时候，佩文西家的四个兄弟姐妹——大哥彼得，二

姐苏珊，三弟爱德蒙，四妹露西，为躲避战乱跑到一个老教授家的房子里暂住。孩子终究是孩子，他们闲不住，在这所大房子里整天想着怎么玩。

《纳尼亚传奇》系列小说的第一个故事开始是小妹妹露西捉迷藏躲进了大衣橱。

一天她躲到一个大衣橱——实际上是魔衣橱——里去了，魔衣橱对于一般人来说就是个装大衣的橱子，但是对于被选中的孩子们来说，这是连接现实世界和纳尼亚王国的大门。小露西在大衣橱里爬啊爬，一直爬到了另一个世界。

故事就从这个魔衣橱里爬出来的小女孩开始。

读到这里，你会发现 C. S. 刘易斯特别会写，按一般的剧情发展，下面的故事应该赶紧进入在纳尼亚的冒险之旅，但作者偏不，他让露西遇见了一只会说话的山羊，聊天喝茶之后，又请露西沿着魔衣橱回到了现实世界。作者把读者的小心思刚勾起来，又把这个奇幻世界给藏了起来。

回到现实世界之后，露西赶紧把这段奇妙的经历告诉了她的哥哥姐姐们，但是三个哥哥姐姐对露西的遭遇表现得不是很友好，让小露西的心灵遭受了一万点伤害。

《纳尼亚传奇》系列小说所有的故事都充满了宗教性和宿命论的特色，都是正义战胜邪恶，光明战胜黑暗。结果虽然都知道，道路却是曲折的。作者并没有让露西再通过大衣橱就是为了制造曲折。他接着让三弟爱德蒙走进了纳尼亚王国，可爱德蒙运气不太好，没有遇到好客的小羊人，而是直接遇到了本书的大反派——高贵冷艳的能把春天变成冬天的白女巫。

原来纳尼亚世界里有一头叫阿斯兰的狮子，统治着这片大陆，但阿斯兰失踪了，坏心眼的白女巫将这里变成了白雪皑皑的冬天，她就是邪恶的代表、魔鬼的化身。这片大陆的所有人都在等着一个预言，预言里会有四个兄弟姐妹——两男两女来拯救这个地方。当然，说的就是彼得、苏珊、爱德蒙和露西。

可是遇到白女巫的爱德蒙并不知道。

在白女巫几块土耳其软糖的攻势之下，爱德蒙把自家隐私全都暴露了，一直到彼得、苏珊和露西一起通过魔衣橱来到纳尼亚王国，他还在想着吃白女巫的软糖，相当于被白女巫变相策反了。

俗话说"兄弟齐心，其利断金"，四个兄弟姐妹心都不齐了，还怎么拯救纳尼亚世界呢？

这时，阿斯兰回来了，他一看这预言中的四个人少一个，这可怎么办？赶紧给白女巫捎个话，别把爱德蒙给带坏了，咱们可以好好谈谈。白女巫一想，阿斯兰这么傻，还愿意掉进自己的圈套，于是她就犯了所有文学作品里反派都会犯的一个错误——自以为奸计得逞的时候反而掉进了别人的圈套。

白女巫的意思是，想救回爱德蒙，要用阿斯兰的命来换。

可"魔高一尺，道高一丈"，阿斯兰说"没问题"，便在苏珊和

露西眼皮底下慷慨赴死。苏珊和露西哭得很伤心，结果没想到，阿斯兰没死，因为根据纳尼亚世界里魔法的设定，像阿斯兰这种为了别人而自愿牺牲的人，可以复活，而且活得更好。白女巫看到复活的阿斯兰威风凛凛地出现在她面前的时候，顿感大势已去。

说到这里不得不“吐槽”一下白女巫智商上面的硬伤。预言里说的就是四个兄弟姐妹会成为纳尼亚的四个王，爱德蒙都到手里了，直接结果了熊孩子不是更好吗？何必非要跟阿斯兰过不去？作茧自缚，咎由自取，自作自受，玩火自焚，这些成语说的都是像白女巫这样自作聪明的人。

当然，说到底，白女巫还是死在信息不对称上面，如果她知道阿斯兰的魔法等级，估计就开窍了。

“哈姆雷特”式的奇幻之旅

人这一生追求的东西很多，但结果只能有两个，要么成功，要么失败。

有人把成功总结成了四句话，“首先你得行，其次得有人说你行，再次是说你行的人得行，最后是你说谁行谁就行”。

现实生活中却是这样的，“说你行你就行，不行也行；说你不行就不行，行也不行”。为什么呢？因为成功不仅仅是要达到自己设定的目标，还要符合社会的要求和期待。就像考大学，很多同学认为能读个书就行，读哈佛还是耶鲁，其实都一样。但越到后来你越发现，你的认识还得和别人的认识一致，比如大家都认为你明明能上清华、北大，结果你去了其他学校，你说你是成功了呢，还是失败了呢?

《纳尼亚传奇》系列小说的第二部《凯斯宾王子》是有关这个问题的解答。

凯斯宾王子是本书的主人公,如假包换的纳尼亚王位继承人。作者C. S. 刘易斯把凯斯宾王子的人物设定为莎士比亚的《哈姆雷特》中的哈姆雷特:同样都是王子,都是叔叔杀了他的父亲,篡夺了王位,都需要王子向叔叔报仇雪恨夺回王位。但是不同的是:哈姆雷特的叔叔娶了哈姆雷特的妈妈;凯斯宾王子的叔叔这点倒还好,并没有二婚,但他娶的女人是一个像灰姑娘后妈一样的人,凯斯宾王子不喜欢这个婶婶,只好敬而远之。

本来凯斯宾王子的叔叔对他还可以,因为他媳妇也就是凯斯宾王子只敢放在脑海里的婶婶,一直没有孩子,好不容易篡夺来的王位回头还得还给侄子,所以凯斯宾王子平时没有什么危险。可是婶婶有一天居然生了宝宝,形势就不一样了,凯斯宾王子的叔叔极有可能为了将王位传给自己的亲生儿子而杀掉侄子,凯斯宾王子为了保命,只好跑路。

说到这里大家一定很奇怪,在《纳尼亚传奇》系列小说的第一部里那四个佩文西家的天王天后,相亲相爱的兄弟姐妹哪里去了?

在上一部的结尾,彼得、苏珊、爱德蒙和露西又穿越回现实世界了,这一部要怎样才能回来呢?作者埋下一个伏笔——第一部里面的苏珊专门用来“召唤”外挂的号角留在纳尼亚了，这个外挂号角最后落到了凯斯宾王子手上。

中国有句老话叫“天上一日，地上千年”，等佩文西家的四个兄弟姐妹再回到纳尼亚世界已经差不多是一千年以后了，他们在实际上是自己缔造的宫殿里溜达了半天，发现已经成为废墟的城堡居然是曾经生活和战斗过的地方，真是恍如隔世。

回到凯斯宾王子的故事，这一部里佩文西家的四个兄弟姐妹其实都是配角。一个逃跑的凯斯宾王子也是有主角光环的，应验了那句话“他自己很行”。

凯斯宾王子想获得同盟，也就是被压迫的人民群众的支持，在本书里被压迫的人民群众就是第一部里会说话的动物们，凯斯宾王子在逃跑的路上遇到了会说话的动物，而会说话的动物们根据凯斯宾王子的身世，准备起义，推举凯斯宾王子作为自己的领导人，这应验了我们前面说的第二句话，“有人说你行”。

第三句话是“说你行的人得行”。这有两种可能：一个是你的手下承认你，并且他很有能耐，证明你行。凯斯宾王子的手下顺利找到并带回了佩文西家二进纳尼亚的四兄妹，算是立了大功，证明凯斯宾王子知人善任；另一种可能是比你厉害的人承认你。这本书里承认凯斯宾王子的都有谁呢？那就是佩文西家的四兄妹和大狮子阿斯兰，他们都承认凯斯宾王子，这也证明凯斯宾王子很行。

最后，凯斯宾王子算是兵不血刃战胜了自己的叔叔，夺回王位，这时候他自然是“你说谁行谁就行”，他成功了。

本书的重点并不在正邪对立的对抗上，说得俗一点是考验凯斯宾王子推翻自己叔叔的决心。按理说他叔叔也算是把凯斯宾王子养育成人的人，他怎么好意思置他叔叔于死地呢？

作者可能想表达这样的思想，那就是让更多的士兵免于战乱。

根据孟子“得道多助，失道寡助”的原则，凯斯宾王子的叔叔被自己的手下反水。也就是说，如果你想在这部奇幻小说里看到神魔大战、两军对垒、血流成河或者是精心设计的阴谋阳谋、你来我往的钩心斗角的话——这本书都没有。

那这本书还能好看吗？答案是好看。因为并不是所有的胜利都要通过战争，都要用惨痛的牺牲作为巨大的代价，能召唤外挂的时候还是要用外挂的。

第五个故事

篇幅有限，下面给大家讲《纳尼亚传奇》的第五部《能言马和男孩》，这是两场包办婚姻都泡汤了的故事。

有很多朋友看过《能言马和男孩》会认为主要内容是失散多年的双胞胎兄弟找爸爸的故事，但这本书的主题不是寻亲。不过如果你这么想，那也没什么错误。

先带大家快速回顾一下第五个纳尼亚故事的剧情。

从小被虐待的男孩沙斯塔偶然发现了一匹不属于他所在大陆的

来自纳尼亚的战马布里，他俩相约逃跑，路上遇到了逃婚的少女阿拉维斯和她会说话的纳尼亚母马赫温。一男一女，一公一母，在逃跑的路上发现了一个惊天大阴谋，那就是想求婚纳尼亚女王苏珊结果失败了的卡乐门王子拉巴塔什想偷袭一个叫阿钦兰的国家，进而颠覆纳尼亚王国。

沙斯塔最后在大狮子阿斯兰的帮助下，千里走单骑成功战胜了拉巴塔什王子，找到了自己的双胞胎兄弟，最后和阿拉维斯结婚幸福地生活在一起。

能娶公主的一般都是白马王子，那王子和公主一定般配吗？一般王子都是和穿水晶鞋的灰姑娘才合适。

一般来说，从公主的角度看，能嫁个王子肯定好，但没有那么多王子该怎么办呢？这个时候只好在国内的王公大臣家里的孩子中选选，在王孙公子那里叫“高攀”，在公主这里叫“下嫁”，怎么看好像都差那么点意思。只要是自己做不了主的婚姻，一般来说都有一定的风险，一场公主的婚姻，要折腾多长时间？不同公主愁的事情也不一样。

沙斯塔的小女友阿拉维斯也很愁，她父王给她安排的婚事是嫁给一个怪叔叔，想把她“包办”给一个很有前途的高级知识分子。阿拉维斯得多缺少父爱才会同意这门婚事？如果她不逃婚，就遇不到沙斯塔，就不会偷听到拉巴塔什的阴谋，最后也没有机会嫁给心上人了。

选择这本书，是因为这本书的时间线在《纳尼亚传奇》系列的故事里有点不一样，涉及我们特别熟悉的苏珊女王。

《纳尼亚传奇》系列小说的不同故事的时间线并不是依次发生。如果以《狮子、女巫和魔衣橱》里佩文西家四个孩子进入纳尼亚又离开纳尼亚为起点的话，《凯斯宾王子》《黎明踏浪号》和《银椅》的故事都发生在第一部故事的后面，但是这部《能言马和男孩》则是发生在彼得、苏珊、爱德蒙和露西还在纳尼亚的时候。

既然还在纳尼亚，他们就得长大，也要成家。已经“女大十八变”的苏珊女王也该考虑自己的婚事了。作者 C. S. 刘易斯在这一部描述了纳尼亚也只是个国家，旁边也有好多其他国家，其中一个国家的王子，就是后来变成驴的拉巴塔什王子看上了苏珊女王。

苏珊女王是个窈窕淑女，但是拉巴塔什并不是个君子。他一开始在苏珊女王面前像个绅士，拼命表现自己，拼命追求苏珊，当把苏珊女王骗离纳尼亚之后就露出了本来面目，开始筹划占领纳尼亚。不用说，这一场“包办婚姻”也以失败告终。

两位文学大师的对决

20 世纪二三十年代的某天，一个英国的小酒馆里，两个大学教师，都有点神经质，他们讨论的学术问题是什么样的魔法物质能够让人凭空消失，什么样的奇妙世界能够让人流连忘返，什么样的妖魔鬼怪能够对抗美女画皮……最后他们两个人说，要不我们各自写一本书吧。

时光荏苒，多年之后，其中名为托尔金的教授写出了大名鼎鼎的《魔戒》三部曲。而另一个老爷子写出了《纳尼亚传奇》系列小说。你可千万别问我哪个写得好，因为我觉得一个是魔幻史诗，一个是寓言童话，根本不能放在一起比较。

为什么接下来我选择讲第六部的故事呢？那是因为在这一部《魔法师的外甥》里能够看到《魔戒》的影子。

如果大家晓得《魔戒》剧情的话，会知道戴上魔戒之后能拥有巨大的法力，魔戒是整部《魔戒》的线索。而《魔法师的外甥》这部书里的男主人公，也就是魔法师的外甥狄哥里和他的朋友波莉意外地戴上了能穿越到另一个世界——纳尼亚王国的戒指，有了这枚戒指之后，这两个孩子就在现实世界和纳尼亚世界之间来回穿越。

所以，这本书其实也可以改个名字，叫《托尔金，我也会写魔戒，哈哈》。

除此之外，选择讲《魔法师的外甥》是因为它解释了前五部当中纳尼亚王国里动物为什么会说话，白女巫为什么会出现，纳尼亚的第一个国王是谁的疑问。本书充分表现了在意料之外，也在情理之外的设定。

狄哥里的舅舅是个魔法师，在自己的实验室里生产了几枚能够穿越到另一个世界的魔戒，他自己不想去另一个世界，可又想知道另一个世界长什么样，于是他骗自己的外甥狄哥里和他的朋友波莉戴上戒指，穿越到另一个世界，然后再回来告诉他另一个世界都有什么。从这个做法上看，魔法师本身不是什么好人。

结果两个被魔法师当成小白鼠的狄哥里和波莉来到了另一个世界，两个孩子初来乍到一不小心唤醒了沉睡中的恶女巫，还带着恶女巫、他舅舅和一个马车夫回到了纳尼亚王国。

这里会有同学问了，写魔法师和女巫都还情有可原，那出现马车夫是什么写作思路呢？答案就是这个马车夫才是整个故事的最大赢家——阿斯兰在开始创造纳尼亚王国的时候正好看到了这个车夫，于是顺手让这个车夫当了纳尼亚的第一代国王，顺便还把他媳妇弄过来当了王后，随机性如此之强，可以说是“佛系创世纪”了。

看到这里，也许你会想作者怎么不按套路出牌？读者是照着男主角狄哥里和他小女朋友波莉最后成为纳尼亚第一代国王这个剧情来看的，怎么随随便便就让一个马车夫统治了纳尼亚呢？说这本书意外，就意外在这里。

如果说《纳尼亚传奇》系列小说的每一部都用一个颜色对应主题的话，那第一部《狮子、女巫和魔衣橱》是白色的冰雪世界，第二部《凯斯宾王子》是绿色的丘陵地带，第三部《黎明踏浪号》是蓝色的海洋王国，第四部《银椅》是黑色的地下奇观，第五部《能言马和男孩》是黄色的沙漠旅途，第六部《魔法师的外甥》是没有色彩的穿越题材，那第七部是什么颜色呢？看过的同学可以告诉我。

《纳尼亚传奇》对后来的《哈利·波特》系列小说影响深远，而且比《哈利·波特》更深刻，因为它融合了很多西方神话和哲学

思想在其中，看上去平平无奇的情节，实际上统合在作者构建的世界观里。时间所限不能一一讲完，但我相信，那些空白的情节，你会去填补上。

微信扫描二维码，随时随地听好书

第二十个星期五

《不老泉》：长生不老没有病痛，要不要了解一下

Marvin 和福尔摩最近因为同一款手机游戏聊得火热——白天分开打，晚上组队玩，似乎早先因为《罗摩衍那》而起的龃龉从来没有发生过。

“要是能像游戏里这样生活就好了。”福尔摩感慨道。

“对啊，不过如果你比别人强，你希望拥有哪种超能力呢？”Marvin 有点憧憬地望着天花板。

“透视眼吧，能看清别人想什么的那种。”福尔摩小声说道。

“哦，”Marvin 显得比较失望，“我希望能长生不老，这样就可以一直打游戏了。”

花生粥老师下楼时，正好听到这句，从书架上找出一本《不老泉》，说道：

“你以为长生不老就很好吗？来，听我给你讲一本长生不老不那么好的书。还有，下次再让我看到你用我的账号打游戏，我就罚你两天没饭吃。”

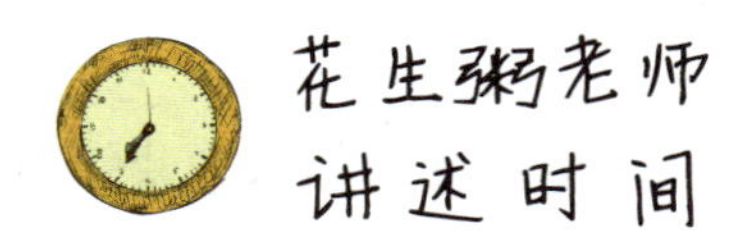

外面的世界精彩又危险

《不老泉》这本书就是一个离家出走的故事。

不知道同学们小时候（或者可以问问自己的爸爸妈妈小时候）有没有离家出走的经历，反正花生粥老师小时候酷爱离家出走。有时因为一些现在看来很幼稚的小事和爸爸妈妈怄气，扔下一句“你们再也见不到我了”，就潇洒地离家出走了。奇怪的是，我的爸爸妈妈好像从来没有担心过,有时候还会说“早点回来”。也怪我自己，每次离家出走都不争气，不超过两个小时，肚子饿了只好倔强地回到家，再扔下一句“下次我肯定不回来了”。

下次复下次，下次何其多。

《不老泉》的主人公是个十岁出头的小丫头，名叫温妮。温妮家里有一大片林子，相当于是个富二代女生。但是她每天也没什么事，就喜欢和家门口的癞蛤蟆聊聊天、谈谈心。于是人们经常看见小丫头蹲在那里和癞蛤蟆独处，估计她没有什么朋友。

温妮一心想着世界那么大，趁年轻出去瞧瞧。这一天，不知哪根神经想明白了，她真离家出走了！

一个十来岁的小姑娘，浑身上下什么也没带，离家出走你能走

到哪里去呢?

温妮走到了一个不算很奇怪，但又有点奇怪的地方：阳光从树叶之间洒落下来，一棵枝叶繁茂的古树根部，有一眼汩汩的泉水，泉水旁边，站着一个看上去有点忧郁的少年……这个画面里，温妮对少年一见钟情——上去就问少年多大岁数。

可聊了一会儿，温妮发现这个少年满嘴一句实话没有，愣说自己是一百多岁，这还有诚意吗？更有意思的是温妮走了挺长时间，有点口渴，想就地喝两口泉水解渴，也被这个少年斩钉截铁地阻止了。

温妮的暴脾气上来了，为什么喝水也不行？！

人有时候就是这样，人家越不让你做什么事，你偏要做。可往往都是“不听好人言，吃亏在眼前”。温妮刚想冲上去把泉水饱饮一通，少年的全家突然出现把她给“绑架”走了！

长生不老是好，还是不好

故事讲到这里，很多同学应该知道了，这口泉水是全书的关键——不老泉。

顾名思义，不老泉就是喝了不会再变老的泉水。根据作者的设定，喝了这口泉水的人时间就会停止在当时的年龄，也就是说要是六十多岁老大爷喝了这泉水，永远都是老年人；要是十几岁小女孩喝了这泉水，永远都在青春期；要是刚出生的小宝贝喝了这泉水，永远都只会吃喝拉撒睡了。

按照大多数人的观念，尤其是无忧无虑的青少年，会觉得长生不老多好，人生短暂，快乐的事情那么多，怎么就不能活得再久一点?

然而，人类对于长生不老的看法一直充满着矛盾。

首先，中国人看待长生不老和外国人看待长生不老有差别。我读过的文学作品中一般都觉得长生不老是好事。比如《西游记》里吃了太上老君的仙丹之后可以长生不老，孙悟空像吃崩豆一样，嘎嘣嘎嘣吃了很多，还附赠了一对火眼金睛；再如王母娘娘的蟠桃，妖怪想吃的唐僧肉，都不是随随便便能找到的，物以稀为贵，可见中国人觉得长生不老不是坏事，因为是要成仙的。

很少有文学作品写人长生不老不开心，一般都是因为特别孤独而不是因为死不了。试想朋友都死了，就自己活着，心中有团孤单的火焰在燃烧，烧到最后自己的精神也燃成了灰烬。比如中国神话里羿的媳妇——嫦娥，偷吃了西王母给羿的长生不老药，飞到月亮上去了。而嫦娥因为月亮之上太冷清，所以才悲伤，也就是说因寂寞而悲伤，不是因长生不老而悲伤。要是有人和她一起长生不老，或许她能快乐一些。

而西方神话里，长生不老不像是件好事。印象中有这么几种导致长生不老的方式：第一是喝过耶稣“最后的晚餐”上圣杯里装的饮料，也不知道是可乐芬达雪碧，还是百事七喜美年达，总之用这个杯子喝了饮料之后，可以长生不老。但是我很奇怪，这是“最后的晚餐”，连耶稣都克死了，还能让你长生不老?

还有北欧神话里的金苹果，希腊神话里的普罗米修斯，长生不老带来痛苦的居多。

如果是你，会选择长生不老吗？《不老泉》这本书有一种答案。

这是只有“吃货”才有的机会

然而，花生粥老师还是发现了东西方文化中关于长生不老的一个重要的共同点——长生不老是“吃货”才会有的特权。

仙丹蟠桃唐僧肉，圣杯饮料金苹果，对吃喝有追求的人才有权利享受到长生不老的可能性。

《不老泉》作者娜塔利·巴比特把长生不老设计成“这口山泉有点甜，长生不老好多年”。如果不靠吃东西，人和人之间的差别不大，很难完成明显的长生不老的设定。

书归正传，温妮被少年一家“绑架”之后，开始还挺害怕，担心他们要对自己做出不好的事情。后来发现少年一家人其实是因为很早就喝了不老泉的水而四处流窜，生怕别人知道他们是不死之身。西方传说里不死之身的代表是吸血鬼，都是要吸血的，也难怪温妮会觉得害怕；而四处流窜也是情有可原，因为要是一直都不变老，周围邻居一个个从花季少年变成了大爷大妈，他们还能把一直不变老的邻居当成正常人吗？

少年一家人在到处躲藏之余，看到想要喝泉水的温妮，才将她从泉水边带走。

后面的故事很精彩，有点从奇幻转移成冒险类作品的意思。但有一个地方我一定要和大家分享，那就是温妮的选择。

温妮最后其实没有喝到不老泉的水。

在她和少年一家人分开的时候，少年给了她一瓶不老泉的水，意思是等温妮十七岁的时候再喝，因为温妮毕竟现在年龄还小，直接喝了就一直是小姑娘，没有办法长成成年人。也有可能是少年想和温妮结婚，需要等温妮长大……

这里有一个特别值得思考的问题：少年一家人明知道长生不老不好，为什么还让温妮喝泉水呢？温妮自己也找到了泉水的位置，她要是真想长生不老的话，自己去喝一口不就行了？

中国儒家文化里有一句“己所不欲，勿施于人”，如果自己觉得长生不老不好，还让别人去长生不老，这是不是有点不合适？少年一家人的做法是不是太自私了？

温妮对少年的好意采用了比较特别的处理方法，她把这瓶喝了可以长生不老的泉水倒给了本书开篇那只和她聊天的癞蛤蟆，这只癞蛤蟆长生不老了。

许多年过去了，当依旧年轻的少年一家人再次回到这里时，温妮已经去世，他们明白了温妮没有选择长生不老。

作者在结尾留下一段很有趣的描写，少年一家人看见马路上有只癞蛤蟆趴在那里，根本不怕被车轧过去。

《不老泉》结尾的秘密

实话实说，如果真实的世界里真出现了长生不老的人，未必是件坏事。

如果真有这种情况发生，科学家能够在他们身上了解多少知识？这样的人仅仅活着就是一笔巨大的财富，还能回答很多历史的未解之谜。当然，这些人自己认可才好。

《不老泉》的中文版只有六万多个汉字，文字翻译得非常优美，作者和译者能把时间流逝过程中的缓慢通过文字展现出来，有时候看得读者都着急，既想快速知道后面的剧情，又不愿错过眼前的段落。

故事最后，长生不老的癞蛤蟆总在马路上等着车从它身上轧过去，其实是一个非常开放的结尾，对于这一点有很多种解读：

第一，癞蛤蟆觉得反正自己也死不了，总想体验濒死的快感；

第二，癞蛤蟆长生不老之后，也觉得很无聊，想尝试各种方式结束自己的生命；

第三，癞蛤蟆并没有意识到自己长生不老，每天都在重复同样的一天；

第四，那根本不是同一只癞蛤蟆，读者想多了。

聪明的读者，你们认为哪一种解读是对的呢？也许还有更多的解读，这个结尾一下子将长生不老之后的可能性有选择地展示为同一种行为，既有可能是快乐的，也有可能是躁动的，更有可能是痛苦的。所以并不是看上去好的选择就会有好的结果，因为未经体验的人生是不值得过的。

最后，本书还揭示了一个特别深刻的道理，那就是——孩子，没事就别离家出走了，真被绑架了难受的还是自己。

微信扫描二维码，随时随地听好书

第二十一个星期五

《圣诞颂歌》：一个好汉三个帮，十年生死两茫茫

进入十二月，花生市迎来了第一场大雪。

下雪时候的心情取决于在屋里，还是在窗外；取决于有人接，还是没人接。花生粥老师目前心情不太好，因为他在窗外，而且是没有人接的窗外。

霹雳听书馆门前的巷子被一层厚厚的雪袄覆盖，花生粥老师连串的脚印仿佛是这件衣服密织的纽扣，有节奏地从衣襟排向衣领。

Marvin 昨夜被大雪留宿在听书馆，花生粥老师进门时，他还没从沙发上爬起来，仰面的梦呓声分明是打拍子的呼噜。花生粥老师小心翼翼地经过他身边，突然想到 Marvin 的呼噜声可以替代防盗门——这样又能省下一笔钱。

花生小学的同学们都在为这个月的圣诞节兴奋，有的孩子书包上开始有了麋鹿的图样。看着他们在大雪中艰难地向校门跋涉，花生粥老师从福尔摩送来的一堆书里找出一本《圣诞颂歌》，他今天想讲一个和圣诞节有关的故事。

花生粥老师讲述时间

时间快慢与圣诞节日

有一种说法是对于年轻人来说，每一天很快，但是每一年很慢；对于年长的人来说，每一天很慢，但是每一年很快。

关于这种说法还有一种解释。对于一个十岁的少年来说，以后的每一年都是他过去人生的十分之一；对于一位五十岁的中年人来说，以后的每一年都是他过去人生的五十分之一。从人的感觉上来看，五十分之一的时间肯定要比十分之一要短暂得多。

如此说来，每个人的一生在感觉上都是不断加速的过程，最美好的时光都是小时候。

又到了一年快要结束的时候，年终岁尾最重要的事情是什么？肯定是看看这一年自己有什么收获。往往需要有一些纪念性的或者仪式性的时间来表示，对于咱们中国人来说通常是春节，而对于很多西方国家来说是圣诞节。

今天花生粥老师就和大家聊一本和圣诞节有关的作品，英国作家查尔斯·狄更斯的《圣诞颂歌》。

狄更斯是莎士比亚之后影响力最大的英国作家。提起狄更斯，很多同学会记得他写过《雾都孤儿》《双城记》，还有《大卫·科

波菲尔》，要是问他影响力最大的是哪本书，我会告诉你是《圣诞颂歌》。

在我小时候，过元旦和新年送个贺卡写句祝福还比较流行，但没听说过圣诞节也要庆祝。一方面这不是中国人的节日，另一方面那时候不像现在这样物质丰富。这几年圣诞节都玩出花儿来了——摆圣诞树，戴圣诞帽，平安夜要吃苹果，唱圣诞歌，最重要的是告诉小朋友要收圣诞礼物，还有可能是圣诞老人送来的。不过我想，这有给孩子压岁钱实在吗？

还有一件很奇怪的事，就是圣诞节前的平安夜在西方国家是没有吃苹果一说的，这是咱们中国人整出来的“伪习俗”。

现在西方圣诞节的传统有很多都是从狄更斯这本《圣诞颂歌》里来的，比如“Merry Christmas”这句英文问候语就是在这本书里出现的。可以这么说，如果没有这本书，人们现在可能连圣诞节怎么送祝福都不知道。

不过，《圣诞颂歌》是一本没有圣诞老人，没有平安夜，不给压岁钱，只有鬼故事的圣诞故事。

圣诞夜里的鬼故事

《圣诞颂歌》的字数不多，很快能看完。主人公名叫斯克鲁奇，他特别不喜欢过圣诞节，或者说拒绝让自己喜欢过所有节日。这是为什么呢？因为他“抠”，他怕花钱，而哪有不花钱的节日呢？

斯克鲁奇认为过节就是胡闹，他的口头禅就是："过什么圣诞节，这不胡闹吗？"通常，当大家都愿意干一件事，就你不愿意干的时候，大家会认为你有问题。但是斯克鲁奇不觉得自己有问题，他有一种"举世皆浊我独清，众人皆醉我独醒"的感觉。当然，周围的人不这么看斯克鲁奇，都觉得他疯了。

斯克鲁奇也不是没有朋友，他曾经有一个叫马利的朋友。物以类聚，人以群分。斯克鲁奇和马利能成为朋友是因为他俩"抠"到一块儿去了。斯克鲁奇和马利一起做生意，挣了不少钱，但在七年前的圣诞节前夜，马利去见了上帝，就剩斯克鲁奇一个人做生意了。

斯克鲁奇并没有什么变化，日子过得还是抠抠唆唆，他"抠"到什么程度呢？眼瞅着要过圣诞节了，斯克鲁奇的外甥想请他去自己家吃饭，斯克鲁奇心想"哼，你这是想占我便宜，我能空手去你家里吗？我能不买东西啊，买东西能不花钱吗，我才不上你的当"，于是拒绝了自己的外甥。

还有个例子，北半球的冬天，天气特别冷，斯克鲁奇的员工想加一块生火的煤，就这一块煤他都觉得浪费，恨不得让员工点个蜡烛取暖。

就是这样一个"抠"得要命又不喜欢过圣诞节的人在圣诞节前夜见了鬼了。

鬼不是别人，是他的老搭档——马利。马利的鬼魂出现以后，斯克鲁奇吓得都要尿裤子了，说："马利老兄，是我死了，还是你活过来了？我可给你安葬得挺好，你可不能带我走啊。”马利说：“你看你，咋和我一样呢？我这回来告诉你啊，马上就有三个幽灵来找你聊聊天，陪你说说话，和你唠唠嗑。无论他们带着你干啥，你都得跟上，不然你就危险了。”

斯克鲁奇一听，原来今晚光见马利一个鬼还不够，后面还要见三个鬼。不过他一看老伙计马利明显死了以后过得不好，可能不光是“人之将死，其言也善”，可能“人之已死，其言更善”，斯克鲁奇战战兢兢地答应了。

昨天、今天和明天

随后斯克鲁奇分批次有组织有计划地先后见了三个幽灵，这三个幽灵长得都不一样。

第一个是“过去”圣诞节幽灵，像一团火，拽着斯克鲁奇回忆了他小时候过圣诞节的美好生活，斯克鲁奇看完之后热泪盈眶——原来自己小时候的圣诞节过得这么幸福。斯克鲁奇不由得产生联想，为什么自己现在这么恨圣诞节呢？

第二个是“现在”圣诞节幽灵，像一个巨人，领着斯克鲁奇看了下他周围的人现在是怎样过圣诞节的。他的外甥家和他的员工家都特别幸福，而且两家人都在“吐槽”斯克鲁奇的抠门儿。我们可以想象这样一个场景——别人都看不见你，但你能混在人群当中，可以听别人怎么议论你，你好不好奇？如果夸你，还是背后夸你，肯定都是实话；如果是骂你，那可能也是实话。

斯克鲁奇从外甥家和员工家的两个场景明白了两件事：第一件是原来穷人的生活比自己想象的要快乐幸福，圣诞节原来这么温馨；第二件是原来我在大家心里的形象差到不能再差了。

第三个是“未来”圣诞节幽灵，是一个影子，有点阴森可怕，带斯克鲁奇游荡的时候全程一句话不说，斯克鲁奇吓得大气都不敢喘。特别像有的孩子惹祸之后，如果父母还能骂你，那可能是父母还没到气头上，如果父母一言不发，始终怒目而视，你害不害怕？

第三个幽灵让斯克鲁奇看到了他死了以后的身后百态，因为平时对别人太过刻薄，死后别人对他一点同情心也没有。

概括一下，《圣诞颂歌》的故事是过去、现在和未来的圣诞节幽灵给斯克鲁奇展示他现在这种为人处世的方法将来会过得多么惨。见了这三个“鬼”之后，斯克鲁奇一觉醒来恍然大悟，洗心革面重新做人，对外甥和员工，还有周围的人都好起来，开始变得慷慨：买礼物、涨工资……

自此斯克鲁奇就变成了一个人见人爱、花见花开、再也不会见到鬼、从此爱上过圣诞节的人了。

大文豪狄更斯

有的人活着的时候什么都不怕，偏偏害怕死了以后见到鬼，这其实反映了人们内心的某种歉疚。斯克鲁奇知道自己哪里有问题，但他并不愿面对。

本书的写作方式有些像蒲松龄的《聊斋志异》中的某些故事。开始时主人公大多是遇到了麻烦，随着情节的发展遇到妖魔鬼怪或奇闻异事，有了一段特别奇异的经历，大难不死或者大开眼界，之后仿佛变了一个人，要么改过自新了，要么遭了报应了。这都是写作的套路，狄更斯这样的大作家肯定懂。

在斯克鲁奇的故事里，他已经算是个很幸运的人：虽然之前人品不太好，都这么“抠”了，还有外甥想着他；都这么“抠”了，还有员工跟着他；都这么“抠”了，还有幽灵指引他。

所以很多时候不要觉得自己做了坏事就没救了，苦海无边，回头是岸；放下屠刀，才能拿起扁担。

有一段时间，狄更斯每到圣诞节的时候就写一个相关的故事，那为什么这部《圣诞颂歌》最出名？

因为现在圣诞节的很多习俗都是从这本书来的，交换礼物，全家聚餐，说“Merry Christmas”……本书出版在英国的维多利亚时代，彼时的英国人其实不怎么过圣诞节，这本书的影响力由此可见一斑。

维多利亚时代相当于我国清朝的咸丰、同治和光绪年间，那时的英国已经完成了工业革命，在世界上风头正劲，准备开始欺负别人了。当时全世界每十块钱里就有七块钱是英国的，但狄更斯发现这时候的人怎么全忙着挣钱，不关心家庭和社会呢？国家有钱是好事，但同时带来财富的两极分化，有钱的人越来越有钱，没钱的人越来越没钱，如果大家都想着钱，谁来想着人？正是因为有这种人文关怀在心中，狄更斯写的作品大都透出自由、平等和爱的主题。

《圣诞颂歌》是狄更斯三十一岁时写的，这时候他已经有四个孩子了，家里头有四个嗷嗷待哺的孩子，我觉得狄更斯也很缺钱，但就是在这样的情况下，狄更斯还是没有把挣钱看得比家人更重要。

和家人、朋友在一起才是真正的幸福，虽然这样的幸福不容易，但我们都要坚持走下去。

微信扫描二维码，随时随地听好书

第二十二个星期五
《海底两万里》：上上个世纪最火爆的科幻故事

花生小学新的教导主任老王最近成了霹雳听书馆的常客，他是跟踪一个总翘课来听书馆看书的“问题少年”时发现这里的。不久之后，一直早来晚走的他，也开始偶尔不伤大雅地“翘班”了。

老王生拉硬拽地把儿子小王摁在听书馆读了好几天的书。在发现老王和自己的爸妈其实也没有特别大的差别之后，“问题少年”开始对老王有了好感。

然而小王并不是个爱读书的孩子，花生粥老师一时也没有发现小王到底爱好哪一口儿。直到花生粥老师偶然在商场里看到小王趴在玩具模型店门口，盯着橱窗里帆船的模型流口水，他忽然有了主意。

“老王，今晚带上小王来听书馆吧，我想为他讲一个上上个世纪最火爆的科幻故事。”花生粥老师发完微信，笑眯眯地看着手里的《海底两万里》。

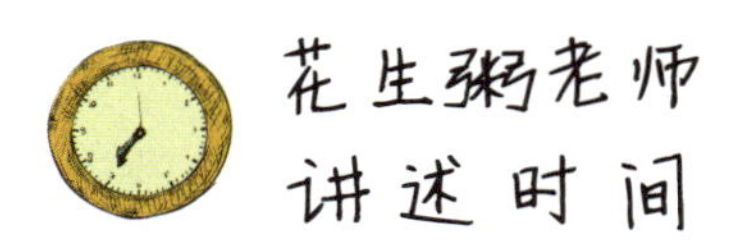

大海上的新世界

网络上有个段子，一个小偷被抓到之后仰天大喊：“我一定要当上海贼王。”估计是《海贼王》的漫画看多了，可一个陆地上的小偷为什么要当海贼王呢？不是应该当“地贼王”或者“山贼王”吗？感觉连小偷都这么励志，想从陆地称霸到海洋了……之后重新断了一次句，原来这个小偷喊的是——我一定 / 要当 / 上海 / 贼王。

不知道上海人民做何感想，我的建议是请上海人民务必保护好自己的财物。

《海贼王》是当代未完结的最火的日本漫画作品，喜欢读的人肯定熟悉这部作品里不同篇章的取材都是世界上知名城市的设定，有中东的沙漠,有欧洲的水城。此类作品始终都脱胎不了“冒险”“伙伴”“成长”的主题，看得多了也觉得千篇一律；但不可否认的是，所有已知的世界都不容易写成引人入胜的故事，反而是写那些未知的世界，靠作家的想象去填充的认知空白才是科幻类、奇幻类、魔幻类的重要支点。

当代作家要创作同类题材，要么往深海里去探索，要么到太空中寻找。那么对于上上个世纪的作家来说，他们该如何完成当时的科幻作品？儒勒·凡尔纳最知名的小说——《海底两万里》恰是这

个问题最好的答案。

征服陆地的任务，人类的祖先已经完成得差不多了，除了个别还属于渺无人烟的地方外，地球上大部分的土地都留下了人类的足迹。但海洋不一样，海洋占了地球70%以上，人类对于海洋完全谈不上征服，能做到在表面上顺利航行就不错了。自古以来，人类除了仰望星空想知道宇宙里有什么之外，也把目光投向蔚蓝的大海——大海一直都是人类装满想象珍珠的主要宝库。

儒勒•凡尔纳，被称为“科幻小说之父”，以他的作品内容而论，他特别喜欢大海，不知道是否和他出生在港口城市有关。他的作品中关于海洋的想象代表了当时人们渴望扬帆启航探索海洋的心态。甚至有时候你会感觉他对大海、大自然有种谜之崇拜，当然用现在的知识水平来衡量他的科幻小说，我们难免会有居高临下的“啊，怎么连这个都不知道”的心态，可是，想想若干年后我们的后代看现在的科幻作品可能也会是类似的想法——“什么，怎么连个时间隧道都做不出来，21世纪的人类真是太落后了”，我们就不会这么自大了。

科学和文学的联姻

既然上上个世纪的科幻作品《海底两万里》对于现在的读者来说，根本都不算什么“科幻”了，我们为什么还要读呢?

首先，儒勒·凡尔纳之前的作家，对于“科幻”的想象力和范围都是有限的，儒勒·凡尔纳的科幻作品使用了大量准确的科学语言，阅读时你甚至会忘记这是一本科幻小说，而以为是在读一个科学家的笔记，或者感觉是一位科学家在领着游客逛科技馆，说得头头是道有模有样，直到最后才发现这个科学家是作家假扮的“冒牌货”。

其次，儒勒·凡尔纳作品中的很多奇思妙想在后来的人类历史上居然都实现了。如他的作品《从地球到月亮》里就想通过开炮的方式将人类送到月球，而现实世界里差不多一百年之后，“阿波罗号”已经让人类踏上月球的土地了；儒勒·凡尔纳想象出的“开炮”方式还真跟火箭的原理有点类似。更不要说世界上第一艘核潜艇的命名——“鹦鹉螺号”——正是为了纪念《海底两万里》中带着主人公纵横海底的核潜艇“鹦鹉螺号”。

最后，儒勒·凡尔纳是为了给读者科普才写科幻，所以别用百分百的文学家标准来衡量。他的作品里很多人物形象过于简单——好人坏人一眼看穿，完全没有现代作品里写了很长时间之后主要人物“洗白”或“黑化”的复杂。正派反派很好辨认，如果拍成电影电视，选演员看脸就可以。这固然是和儒勒·凡尔纳不擅长塑造立体人物的写作特点有关，更主要的原因是他写的是科幻小说，注意力放在了科幻部分，不是写都市情感爱情伦理纠葛的故事，人物内心纠结得再多也不会让光速变慢，更不能使时空倒转。

所以，儒勒·凡尔纳以不是科学家的职业出道，以作家的身份为科学技术的发展贡献了自己的力量。很多科学工作者小时候都是儒勒·凡尔纳的“迷弟”，认为是他的科幻小说带领他们进入了科学的世界。但我小时候那么喜欢看《西游记》，为什么到现在还不会七十二变和火眼金睛呢？

凡尔纳和大仲马

儒勒·凡尔纳所处的19世纪的法国，已经进入了第二次工业革命时期，其标志就是人类开始用电。爱迪生的“钨丝”在这个世纪经历过成千上万次的实验，终于照亮了世界。我们看到儒勒·凡尔纳的科幻小说里写到使用电能发动的“鹦鹉螺号”，现在的人觉得没什么大不了的，可对于当时的读者来讲，这简直是太有想象力的表现了——电不光能让灯发亮，还能让人类完成海底旅行。

受到彼时整个社会变化的影响，19世纪的法国文学可以说是大师云集。雨果、大仲马、乔治桑、司汤达、巴尔扎克、福楼拜、莫泊桑……基本上法国文学史上的“大咖”百分之七十都集中在这个世纪，没给其他几个世纪留什么机会，而儒勒·凡尔纳作为其中进行科幻文学创作的作家，在19世纪的法国文学史上，占据了非常重要的位置。

法国作家最知名的这几位各有特点，大仲马以把历史写到文学作品里见长，如《三个火枪手》和《基督山伯爵》；巴尔扎克习惯在文学作品里融入社会伦理方面的内涵，从《人间喜剧》可窥探一二。而儒勒·凡尔纳喜欢自然科学知识，爱好幻想，特别适合将科学文化知识放入小说创作中。

有个很有趣的事实，儒勒·凡尔纳和大文豪大仲马是好朋友，虽然他俩年龄相差快三十岁，但不影响他们之间的友谊跨越年龄。因为大仲马是个“吃货”，上网搜一下就能发现，关于大仲马的图片都是胖子，一开始我以为当时法国和我国唐朝的审美是一致的，但后来看得多了才意识到，大仲马本身就不容易瘦下来。

儒勒·凡尔纳在认识了大仲马之后，会给他做菜吃，许是凡尔纳厨艺不错，一来二去两个文学家就因为“吃”这件事而“情投意合”，似有一种《射雕英雄传》里洪七公和黄蓉的感觉。

儒勒·凡尔纳可以说是当时法国科普圈里文学造诣最高的、文学圈里科学素养最好的作家。他的文学素养提升离不开大仲马的指导，就连大仲马的儿子小仲马都说在文学上凡尔纳才是大仲马的儿子，虽然有种酸葡萄的感觉，但这样看来，还真和黄蓉给洪七公做饭，洪七公教郭靖黄蓉武功差不多了。

尼莫船长的魅力

《海底两万里》乍看之下会以为是在海底移动了两万里，其实不然，和海豚需要换气一样，“鹦鹉螺号”也会上浮到海面上来，停到陆地边缘。机器在水底下时间长了和人一样——受不了。而且此书的版本特别多，译来译去，主人公名字都不统一了，导致很多时候大家聊天都不晓得彼此聊的是不是同一本书。翻译成《海底两万里》，其实不是很贴切，应该翻译成《海里两万里》，但翻译家可能就喜欢在海底，不喜欢在海里。

书中有三个主人公，其中两个名字很全，还有一个只有一半名字。他们被劫持到“鹦鹉螺号”上，在四大洋中“躲猫猫”。

为什么说“躲猫猫”？因为怕被别人看见。

为什么怕被别人看见？表面原因在《海底两万里》中能得到答案，但是深层次原因得在它的姐妹篇——《神秘岛》里找。

《海底两万里》秉承了儒勒·凡尔纳作品一贯的风格，写的是游历，内容是冒险，特点是写实。

19世纪离现在有一百多年，儒勒·凡尔纳死于1905年，此时的清朝还没有灭亡。横向对比一下，大清帝国的晚期，在有1300年历史的科举制度被废除的同年，已经有个外国人能写出一部在大海里观看海洋奇观、了解五花八门的鱼类、和不同物种搏斗、被困在南极圈等的故事了，要知道此时还有一些清朝人觉得“开眼看世界”是件很危险的事情。

斗转星移，彼时的人看《海底两万里》和现在的我们看《三体》，或者《阿凡达》这种关于宇宙科幻题材的作品感受是一样的——真是太精彩了！

从情节上讲，《海底两万里》特别“老套”，老套就是套路太老了。与其他冒险类的文学作品一样，先是几个主人公由于某种原因进入某种特殊环境，紧接着开始一段神奇的旅程，一路上遇到各种艰难险阻，历尽劫难，在过程中凭借不同主人公的技能素质，当然最重要的是主角光环成功逃出升天。

记得小时候刚开始看金庸先生的武侠小说时，同桌就和我说，其实金庸先生这些故事都可以用同一个名字代替，那就是《某某某奇遇记》。比如说《天龙八部》，就可以叫《段誉乔峰虚竹奇遇记》，《笑傲江湖》可以叫《令狐冲奇遇记》，《倚天屠龙记》可以叫《张无忌奇遇记》等，听了之后我竟无言以对。现在看来这就是武侠小说的“套路”，因为如果没有奇遇，主人公按部就班练功很难快速成为绝顶高手。

按照此类“套路”，《海底两万里》应该叫《阿龙纳克斯教授奇遇记》，最多加上“海底”两个字，不能再多了。儒勒·凡尔纳也直接用一个总的名字概括了自己所有作品的套路，叫《在已知和未知的世界中的奇异旅行》。

现在想来，即便是同样的套路，又有什么关系呢？我们毕竟在儒勒·凡尔纳的“套路”里感受到了上上个世纪人们对于科学的尊重，对于未知领域的好奇，还有勇于战胜困难的决心。

主人公阿龙纳克斯教授的职业名为“博物学家”。我理解就是“活体人形百科全书”，或者说是“能走路的百度搜索引擎”。他和他的仆人孔塞一、加拿大捕鲸手尼德兰为了在海上调查一头“大怪兽”而组队出海，不成想捕怪不成反被捕——被“怪兽”俘虏进海底了——怪兽就是尼莫船长所拥有的“鹦鹉螺号”核潜艇。

本来尼莫船长是想把这三个人直接喂鲨鱼的，但一看阿龙纳克斯教授还挺有文化，于是就把教授、教授仆人和捕鲸手三个人软禁在“鹦鹉螺号”上，带着他们开始了在海底的旅行。一开始阿龙纳克斯教授还挺高兴，有什么调查研究能比近距离观察海底景观更有价值。

没想到这个研究的热度也就维持到本书的上半部分，到了书的下半部分，以捕鲸手尼德兰为代表的三人组就坐不住了，天天想着离开“鹦鹉螺号”，逃到陆地上，最后自然是成功了，因为这本书使用阿龙纳克斯教授的第一人称叙述写的，如果没成功，这本书就“没人写”了。

《海底两万里》里最需要记住的人物形象就是“鹦鹉螺号”的艇长——尼莫船长。“尼莫”一词在拉丁语里是“神秘”的意思，阅读本书的时候确实感觉“神秘”船长很神秘，神秘到什么程度呢？神秘到整本书里对尼莫船长作为主人公的描写都不如男二号和男三号多。估计儒勒·凡尔纳在写《海底两万里》的时候就想把尼莫船长的身世留到另一本书再解开。

我开始看儒勒·凡尔纳的科幻作品时，已经进入大学学习了，彼时已经没有了少年阅读的想象力和思考角度，取而代之的往往是对作者所处时代的背景分析和同期作家的作品比较，现在想来也是异常乏味。直到我偶然间翻出曾经的挚友送我的一本《海底两万里》，印象中他曾经告诉我，儒勒·凡尔纳是他最爱的作家，回忆填满思绪。我坐下来耐心地重读阿龙纳克斯教授和尼莫船长的海底历险，从午后到深夜，津津有味地跟着“鹦鹉螺号”南征北战；

合上书之后我终于理解了为什么挚友会在大洋彼岸走上科学研究的道路——

原来少年时的理想，不仅在光怪陆离的魔法世界，还可以在异想天开的科学殿堂。

微信扫描二维码，随时随地听好书

第二十三个星期五

《天蓝色的彼岸》：明明是个鬼故事，偏偏让人害怕不起来

“……您这里需要聊‘灾’吗？”一个西装革履的图书推销员倚靠在柜台边，和地面成四十五度角，尝试和 Marvin 套近乎。

“我不是很想聊灾，我比较怕火，地震海啸啥的离我越远越好……”Marvin 忙着擦柜台，眼也没抬。

“不是聊灾，是聊灾。”推销员还是不能把舌头卷起来。

“《聊斋志异》我们这里有好几个版本了，”花生粥老师插了一嘴，“不过要是您愿意聊灾的话，出门直行两百米，右转五十米，学校保卫处找老黄警官……”

“你们真不要那种吓人的鬼故事？”推销员有点尴尬，两手一支，身体和地面恢复成九十度垂直。

“鬼故事不一定就吓人，你这么说应该是没有看过你推销的书，这样吧，你晚点过来，我给你讲一个温馨的鬼故事。”

花生粥老师转身走向一个较远的书架，某一层上只放了一本书——《天蓝色的彼岸》。

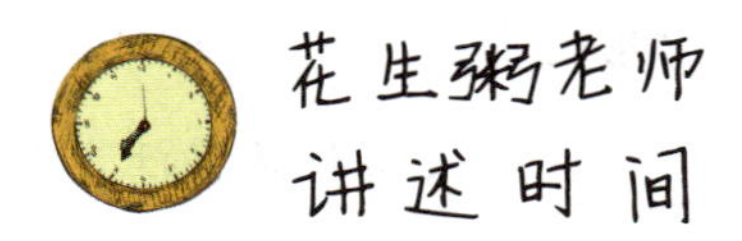

鬼故事的套路

不知道大家有没有注意到鬼故事给我们带来的小纠结。

很多人都害怕听，但是又想听。还有的同学专门挑晚上黑灯瞎火的时候，一个人蜷缩在被窝里，悄悄翻看或者收听鬼故事。

经不科学研究，这是一种很奇怪的现象——你说你到底是害怕，还是不害怕？害怕就别听，不害怕就大大方方地听，为什么非要躲在被窝里关上灯自己吓唬自己呢？

花生粥老师告诉大家鬼故事里的“鬼”不吓人，都是故事吓人。

怎么讲？比如我告诉你有一只鬼（鬼的量词不知道是用“个”，还是“头”合适，这里用“只”属于个人偏好）在街上溜达，你说你害怕吗？你可能问：“在哪个街上溜达？我能去看吗？”

但是如果有人压低声音，放慢语速，偶尔还让人听不清内容地说：

“月黑杀人夜，风高放火天。一个夜晚，你独自一人行走在一片废弃的坟地中间，石碑高低起伏，影影绰绰；就像你脚下的泥泞山路深深浅浅……远处有点点闪光忽隐忽现，你在怀疑自己的眼睛是不是花了，怎么感觉眼前出现了一个没有脚的披头散发的身影，接着刮起一阵阴风；你想起自己早上穿得很厚，但不知道为什么还是觉得冷……你加快了步伐，头顶开始冒汗，窸窸窣窣地一阵脚步声传到你的耳朵里，你停下来，一回头——一个人也没有，只有一团漆黑……这时候突然有人拍了一下你的左肩膀，一个声音在你右耳朵边上轻轻地说，小明……我是你曾曾祖父啊……”

你说让你害怕的到底是这段的环境描写，还是完全没有正面出现的鬼？

鬼故事的存在还是很有意义的，因为人心里的恐惧有时候并不具体，作家往往就根据自己的想象将“鬼”具象化来吓唬读者。

中国的鬼故事都是吓人且神秘的，《聊斋志异》里的倩女幽魂，《西游记》里阴曹地府的小鬼，民间传说里的牛头马面等，一般吓唬小孩子还可以。等孩子长大了，起作用的都不是具象化的鬼，而是内心的恐惧了。还有一些成年人始终不害怕，还会一边看鬼故事，一边吃爆米花。而外国人的鬼故事稍稍有点不同，除了也有吓唬人的目的之外，还有一种是走温情路线的。

今天花生粥老师想给大家讲的，就是这样一个明明是鬼故事，但是一点也害怕不起来，而且能让人笑中带泪的作品——英国作家艾利克斯·希尔的《天蓝色的彼岸》。

另一个世界的委婉

光看这本书的名字，读者无论如何也不会和鬼故事联系在一起，因为感觉很温馨。“彼岸”二字有“另一边”的意思，比如我们即将到达什么“彼岸”，意思是要从这边到那边。本书的“彼岸”更加遥远，是和活着的人生活的环境相对应的——已经去世的人要前往的地方。

文学作品里关于人去世之后的去向有很多叫法：有的叫“地府”，有的叫“冥界”，有的叫“天堂”，有的叫“地狱”，有的叫“轮回”，有的叫“转生”，有的叫“西天”，有的叫“投胎”……但无论叫成什么都是人类自己想象的产物。因为并没有从那边回来的人向还活着的人描述是一番怎样的光景，如果真有一个去过的人给大家讲，那是真的见了鬼了。

本书把人们死后去的地方称为“天蓝色的彼岸”，但是天蓝色的彼岸究竟是什么样，作者一点都没写，所以从书名上来说，作者是在“忽悠”读者。但正因为没有人去过，选择一个有美感的想象也非常合理。

在看这本书的时候，我一直觉得作者有着非常大胆的设定，因为很多读者都认为在孩子面前应该避免谈论“死亡”这个话题，实际上也说不出什么像样的理由。我认识的一个小男孩在他不到十岁的时候参加了爷爷的葬礼，在去往殡仪馆遗体告别的路上，有亲戚悲伤地和小男孩说“今天看爷爷最后一眼了”，没想到小男孩突然用手捂住自己的一只眼睛略疑惑地回答：“是像这样的最后一眼吗？

爷爷是去当海盗了吗……”所以，用什么样的方式告诉孩子成年人有所顾忌的话题需要讲究艺术，而这本《天蓝色的彼岸》做到了。

既然是彼岸，到达彼岸就需要过程。就像人过河到对岸一样，总有一段时间是在河上，既不是此岸，也不是彼岸。

本书就讲了“既不是此岸，也不是彼岸”发生的故事。

失去了才懂得的珍惜

本书的主人公叫哈里，是个不到十岁的小男孩，他有个姐姐。

家里有两个孩子的都知道，两个孩子不会总能和睦相处，今天吵架明天动手实在是太常见了，言语上相互攻击更是家常便饭。我曾经教过一对姐弟，相差一岁多，在一个班里。姐姐管弟弟叫“肉包子”，我问她是因为弟弟脸比较圆很可爱吗？姐姐说“不是”，是想让狗咬了他的弟弟，因为“肉包子打狗一去不回”……而弟弟管姐姐叫“四眼田鸡”，这个好理解，因为姐姐戴眼镜。

《天蓝色的彼岸》里面哈里和他姐姐的相处模式也是吵吵闹闹的，当然是在哈里还活着的时候。

不到十岁的哈里正是讨人嫌的年纪，喜欢逗她姐姐玩，可是她姐姐是淑女，不喜欢哈里老和自己开玩笑。故事发生的这一天，哈里正在和姐姐闹着玩，还叫姐姐的外号，姐姐开始反击，导致两个人都生气了，哈里赌气离开了家，出门之前，姐姐对他说：

“我再也不想见到你了！”

而哈里则和姐姐说：

“我恨你，我再也不回来了！”

一语成谶，这就是姐弟俩最后的对话。

哈里出门之后没多久就被一个酒驾的卡车司机开车撞死了！

就这样，哈里从一个一秒钟前还和姐姐赌气的活生生的小男孩，一秒钟后就变成还不知道发生了什么的鬼魂。

本书最主要的情节是变成鬼魂的哈里在去“天蓝色的彼岸”之前，想去看看自己的学校同学和家里亲人的经历。当然，是以鬼魂的身份。他的本意是想让大家都“见了鬼了”，但是他不知道，活着的人看不见鬼。

哈里的灵魂刚刚离开自己身体，根本不知道该怎么办，因为他也是第一次死，没有什么经验。恰好哈里遇到了一个已经死了 150 年的鬼魂，名叫阿瑟。

阿瑟一直不去“天蓝色的彼岸”，通俗一点说他还不想投胎。阿瑟没见过自己的妈妈，所以他像小蝌蚪一样，在人间徘徊游荡，希望能够找到他的妈妈一起去“天蓝色的彼岸”。

阿瑟一看哈里是新手，作为鬼魂老司机，自告奋勇带上了他。于是哈里和阿瑟两个鬼魂一起回到了哈里曾经生活战斗过的地方。

鬼魂哈里的第一站是自己的学校。

哈里活着的时候觉得自己是学校的风云人物，老师校长都爱护他，同学朋友都羡慕他，他这一死，全校上下肯定是悲伤难过不能自已了，学校里估计得给他立个纪念碑，升旗仪式的时候还要发表个国旗下的演讲纪念一下……哈里的脑子里甚至想可能有一个盛大的告别仪式。

可他一回学校才发现，大家根本不悲伤，平常什么样，现在还什么样。这下换成哈里闹心了：他以前是球队的中锋，现在被其他球员顶替了；他以前在班级的座位，被其他同学占了；就连以前暗恋他的女生，现在都开始向其他男生暗送秋波了……

自己的去世本来是一件悲伤的事，现在哈里一看学校连一点涟漪都没震荡起来，即便是做鬼了哈里面子上也有点挂不住。可就在他心灰意冷的时候，他发现了教室后面的墙上写满了同学怀念他的文字，甚至他学校里的死对头，写的内容也特别煽情，弄得哈里都后悔活着的时候没有好好待他了。

这说明什么？消极地说是谁离开了，地球都一样转；但积极地说，每一个善良的人离开了我们，他的精神和意志是永存的。

珍惜拥有的一切

在曾经学习过的校园吓唬人失败之后，鬼魂哈里又飘荡回自己家里，他想和爸爸妈妈告个别，自己走了连句“再见”也没说，他可能是觉得挺没有礼貌的，还有就是要向姐姐道个歉，因为他没想到对姐姐说的最后一句话就是“我再也不回来了”。

还没等他飘荡到家，先经过了自己的墓地。鬼魂哈里发现爸爸在他的墓碑前自言自语，好像哈里还活着一样。哈里尾随着爸爸回到家，发现他的妈妈是上午去墓地的，他的姐姐是放学后去的，活着的一家三口人每天三个时间段都有人陪伴着哈里。

这段文字作者写得很温馨，花生粥老师看的时候湿润了眼眶，暗暗批作者——这不是个想要吓唬人的鬼故事吗，为什么没有吓哭我呢？

书的结尾，最像鬼故事的部分来了。

哈里运用自己作为“鬼魂”的力量，使他姐姐用来写字的笔飞了起来！凭空写了几个字。他姐姐一开始有点蒙圈：“哎呀，我的笔怎么飞起来了，我是眼花了，还是闹鬼了？”片刻之后他姐姐反应过来，说：“哈里，是你吗，是你在那儿吗？”

平白无故飞起来，其实是一件很可怕的事，但是让人感觉哈里的姐姐并不是胆子大，而是真的相信他弟弟——哈里又回来了！

姐弟两人就用这种隔空对话的方式，彼此谅解。哈里这才没有遗憾地去了天蓝色的彼岸。

放下《天蓝色的彼岸》，我想起很多作品中假设主人公离开之后的场景，还有很多假装开追悼会观察悼念者反应的故事。但以年轻的生命离开人世作为视角进行想象，这本书算是开了先河。

本书主要有三个道理：

第一，家人和朋友从来都不会遗忘我们，请不要等到失去才懂

得珍惜。

第二，鬼故事再怎么温馨，都不如活着好。

第三，过马路要注意安全，司机开车不要酒驾。

微信扫描二维码，随时随地听好书

第二十四个星期五

《死者代言人》：你一个冬虫夏草，跟我装什么外星人

年终奖还没到手，Marvin 就迫不及待地犒劳了自己一部新的智能手机，虽然刷信用卡时有一点心疼，但想到使用后的心动，特别是新手机能完美实现更清晰的自拍之后，他终于真正意识到钱财乃身外之物了。

可惜没等 Marvin 拍到自己的三百六十度，新手机就被一个熊孩子碰掉地上了，只听见“吧嗒”一声，Marvin 的心碎了。

Marvin 只顾着伤心，都没有注意到熊孩子长什么样子。他整整一天都无精打采的，破碎的手机无法拯救破碎的自己，Marvin 连看都不愿意再看新手机一眼。新手机则仿佛受伤的孩子一般，躺在一旁屏幕偶尔闪烁一下。

花生粥老师拿起手机，把玩半天，说道：

“你所拥有的东西都不会真正离你而去，他们只不过是换了一种方式陪伴在你的身边。”

“啊？”Marvin 不明所以。

“今年的最后一个故事，我想讲一本关于‘冬虫夏草’的书。”

花生粥老师从《安德的游戏》旁边，抽出《死者代言人》一书。

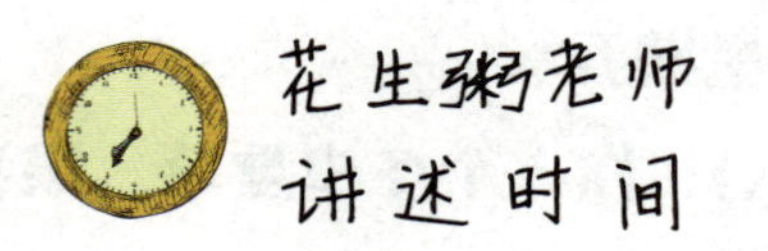

外星人不如我们

花生粥老师刚刚接触科幻文学作品时，常常信以为真，总以为有一天奇形怪状但头脑发达的外星人会坐着铁饼一样的宇宙飞船来接管地球。一想到地球人的弱小，小时候的我真是替人类的蓝色家园捏了一把汗，只是等了好多年，奇形怪状的外星人和铁饼一样的宇宙飞船一个也没来。

不过慢慢地我又有了新的问题。

有一次我和好朋友Q在操场上练单杠（其实就是坐在上面），我仰望着蓝天说："有个问题困扰我很久了，为什么人类想象出来的外星人比我们自己厉害那么多呢？为什么不想象一些不如人类的外星人，这样我们不就不害怕了吗？我们来殖民人家的星球，让它们没办法反击我们，你说这样多好？"

Q呵呵一笑，说："你傻不傻，如果还不如人类厉害，那他们外星人怎么来地球？再说，我们现在人类上个月球都那么费劲，上哪儿殖民外星人啊？"

我一听，对啊！我怎么就没想到呢，想着想着……我从单杠上摔下来了。

转眼很多年过去，我和Q彼此都放下人类和外星人殊死较量的问题很久了，直到看了今天要和大家聊的这本《安德的游戏》续集——《死者代言人》，我才想起若干年前在学校操场上，两个爱读书的孩子那场关于外星人的讨论。而我真正明白过来的，还有，即便外星人不如我们，对于人类来说，那也是非常可怕的。

小孩子不是用来欺骗的

很多同学都读过《安德的游戏》，这部科幻名著告诉大家“小孩子不是用来欺骗的”。它的主要情节，可以概括为在星际战争到来之际，地球上的人类面对外星虫族的进攻，发现天才少年安德并将其训练成为和虫族对抗的指挥官，带领人类夺取战争胜利的故事。《安德的游戏》最大的亮点是安德最后战胜虫族的“演习”其实并非“演习”，而是和虫族的真正对抗，人类领袖通过欺骗安德取得了战争的胜利。

但是和它的续集《死者代言人》比起来，《安德的游戏》确实只是一本给小孩子读的书，科幻的程度并不高。用这两本书的作者奥森·斯科特·卡德的话说，《安德的游戏》是给《死者代言人》做铺垫的。不过，如果没有读过《安德的游戏》，那么肯定读不懂《死者代言人》。

如果人已经在宇宙中消失了，为什么还要代言人呢？

人类的太空故事在《安德的游戏》之后还在继续，天才少年安德在被人类欺骗，进而团灭了虫族之后，带着姐姐华伦蒂和最后一个虫族女王的茧环游宇宙。他旅行的目的有两个：一个是去看看还有没有适合虫族女王复活的星球，另一个是看看有没有其他的外星文明存在，跟外星人交个朋友，弥补一下毁灭虫族的过失。

安德的旅行一下子跨越了三千年。可能有人会有疑问，他怎么能活这么长时间？这个问题有点意思，现在大多数科幻文学作品的设定中，星际旅行的时候人不能一直在那两眼一抹黑瞅着宇宙星空，而要被冷冻起来，装在“冰箱”里等着复苏。因为即便是光速，完成星际旅行也需要很久，不睡觉不仅仅是寿命的问题，还有可能是无聊的问题。

总之在三千年的星际穿越中，安德和他姐姐是醒了睡，睡了醒，颇有一种“宇宙方一日，地球已千年”的感觉。

还有很重要的一点，安德在旅行的时候怕自己太出名，说出来吓到别人，低调地把自己称为“死者代言人”，意思是专门替已经离开宇宙的人再啰唆两句，翻译成通俗的话说是“留个念想”。

然而尘归尘，土归土，既然已经离开，为何还要留个念想？

话分两头，在安德作为“死者代言人”周游宇宙的时候，人类世界发生了巨大的、生猛得我们现在想都不敢想的变化。

首先是战胜虫族之后，人类把虫族的先进文明和高科技“活学活用”到自己身上，成了宇宙的统治者。人类开始到各个星球去殖民，曾经差点被殖民的人类现在变成了“虫族第二”。不过和虫族的遭遇不同的是，人类每去一个星球都发现自己才是最厉害的。于是人类开始飘飘然，认为自己是整个宇宙的统治者和救世主。

真是“问苍茫宇宙，谁主沉浮”？“我们人类”，一个声音在宇宙回荡。

更让人难以接受的事情也在此间发生了：人类把毁灭虫族的历史归咎到安德身上，反正他已经死了，错误都推到他身上，黑锅都让他背着。三千年之后，安德从英雄变成了刽子手，这是第一个变化。

第二个变化是人类一直没有发现像虫族这样先进的高智商外星种族，但是发现了一个有基本智慧的族群，其发达程度只不过相当于人类原始社会的未开化文明，这个种族在特别遥远的某个人类的殖民星球上，因为这个智慧种族的人长得都像小猪，所以人类管他们叫“猪仔”。

《死者代言人》的故事，就发生在这个星球上。

异星疑云

作为宇宙里的“上帝”，人类刚刚来到这个星球殖民的时候发现存在智慧生物，人类的心态自然是高高在上的。既然自己是从天上来的，不能伤害这些“低等动物”，一如我们现在不忍心伤害地球上的动物一样。

为了不改变这个星球的生态环境，人类建了一个保护区把自己和“猪仔”隔离开来，保护区的主要职能是保护人类，除了研究“猪仔”的科学家，谁也不能出去。

人类社会对于研究“猪仔”的科学家有着严格的要求，大概意思就是为了尽可能地保持“猪仔”星球的原生态，科学家被限制只能问“猪仔”问题，而关于人类世界的任何知识都不能给“猪仔”答案。

从表面上看，人类“美化”了自己的动机——怕干预“猪仔”的社会环境，实际上是怕“猪仔”掌握了人类的知识后超过人类，一如三千年前人类超越虫族。

人类到“猪仔”星球之后由于不适应当地的生态环境，差点被一种瘟疫全体“带走”。好在有一对科学家夫妇研制出了一种免疫的药，让活着的人摆脱瘟疫的困扰。他们自己却没能熬过去，留下一个女儿，撒手人寰。

此时有个很有意思的问题出现了——该怎么对待英雄的孩子？

要知道这可是救了星球上全部人类的英雄的后代，真是可以让整个星球的人都把她供起来的，“捧在手心怕摔了，含在嘴里怕化了”。英雄的孩子却不领情，特别高冷傲娇，觉得全世界都欠她的，给人一种始终处在青春期的感觉。

说来奇怪，周围的人都对你好，但是你反而越来越孤僻，这是为什么呢？

答案是她没有父母，她要的是父母，而周围的人给不了的恰恰就是父母。所以在孩子小时候，父母的爱是任何其他人都替代不了的。英雄后代的名字太长了，叫她小娜吧。

小娜慢慢长大，她有个爱好，就是研究“猪仔”。她还有个导师，名字叫皮波，皮波有个儿子和小娜同岁，叫利波。

这三位科学家在研究“猪仔”的过程中，利波和小娜日久生情，就在他们俩都觉得“从前的日色变得慢，车，马，邮件都慢”的幸福时刻，皮波出事了！

前文已述，人类社会不允许科学家干预“猪仔”的生活，但是如果“猪仔”干预了人类社会又当如何？特别是如果“猪仔”伤害了人类怎么办？

皮波在一次考察活动之后被“猪仔”肢解了。

这下人类社会彻底震惊了，不知道自己到底做错了什么。有点像动物园饲养动物的饲养员被研究对象伤害了，研究对象一如既往，人类社会充满恐慌。

但日子还是要继续，皮波死了以后，利波继续研究“猪仔”，可没过多久，利波也被“猪仔”肢解了。

小娜彻底慌了，不明白为什么她爱的人都一个个离她而去。更麻烦的是，小娜和利波的孩子米罗也喜欢研究“猪仔”，遗传科学精神没问题，但是如果研究“猪仔”真的很危险，那不采取行动则会导致小娜继续失去她爱的人。

为了不让“猪仔”继续伤害人类，小娜的整个人生都被改变了。小时候失去父母就够惨了，长大之后最爱的人一个个都离她而去，小娜的心里开始有阴影了。

真相大白

那么“猪仔”谋杀人类科学家和安德有什么关系呢？前面都是铺垫，安德的出场才是揭秘的开始。

在发现了“无辜科学家被研究对象诡异肢解”之后，人类已经从觉得自己特别厉害变成了有一点恐慌。要知道在“猪仔”之前伤害人类的只有三千年前的虫族，如此说来“猪仔”这个物种是有将来毁灭人类的潜质的。

这里又出现一个问题，那就是当人类发现对自己的存在产生威胁的事物之后，正确的做法是及时毁灭还是养虎为患呢？

狂妄自大的人类想到自己连强大的虫族都能打败，“猪仔”目前还成不了气候，决定先继续研究着。

与此同时，安德也对“猪仔”星球非常好奇，他身上带着的虫族女王的茧，也对他说“猪仔”星球特别适合复活，于是安德就带着虫族女王的茧启程来到“猪仔”星球上。

安德到来之后，发现星球上保护区里的人类社会基本上是家庭伦理剧的套路，小娜的故事真是一地鸡毛。

但是和整个星球乃至全宇宙中人类的命运比起来，小娜的私生活也就没有那么重要了。

人类社会一直在监视着“猪仔”星球，他们发现“猪仔”进化了，速度还很快，尤其是本来不该“猪仔”学会的一些人类的技能，他们也学会了。但他们是怎么学会的呢？

人类社会开始怀疑是研究“猪仔”的科学家米罗教的，并且命令与之相关的人马上接受调查和审问。

照理说人类没有做错什么，但是安德发现了一个很重要的问题——来到这个星球的人，无法离开！

几十年前发生的瘟疫是一种基因突变，只要到达这个星球就会被感染，感染之后还能传染，传染之后就会死人。而小娜的父母只是控制了这个表面是“瘟疫”的基因突变，一旦离开星球，突变后的基因将使宿主丧命。

不过这又产生一个问题，那就是人类没来之前，这个星球上的“猪仔”，还有其他物种是如何克服突变的基因，繁衍生息下来的呢？

安德像侦探福尔摩斯一样，东搞搞西弄弄最终弄明白了，原来这个星球上的生物都跟地球上的“冬虫夏草”一样，具有动物和植物两种生命形态。有时候是动物，有时候是植物，这个星球上的物种在进化的过程中同样遇到了可怕的“瘟疫”带来的伤害，但是他们对抗的方式是进化成具有动物和植物两种生命形式的物种！

试想一下，如果人类也能这样，是不是很奇妙？比如一个人在街上走着，突然变成了一棵柳树；睡着觉，突然变成一排灌木丛……这不就是“柳树精”和“花仙子”吗？

这样一来，所有的匪夷所思都变成了有理有据，“猪仔”以为被自己肢解的利波和皮波是和自己一样的“柳树精”和“花仙子”，肢解他们就是帮他们进入植物形态，避免感染，延长寿命，实际上是一种对人类的善意。

不明真相的人类社会反而要抓走研究“猪仔”的科学家，这就变得非常可怕了，因为只要科学家离开这个星球，“瘟疫”便有可能传染到其他人类社会，说不定这一次被团灭的就是人类自己！

故事的结尾，安德又一次拯救了人类社会，拯救的方式是号召“猪仔”星球上的人类和“猪仔”，一起对抗星球之外其他的人类社会，他们的胜算来自于他们拥有的“瘟疫”，约等于宇宙级的生物核武器，外人敢来就不可能离开。

你们不来，我们不走。

最后，人类、“猪仔”和虫族在这个星球上一起生活的故事……作者没有写，可能也是留待读者猜测吧。

回到开头一开始困惑我，但是现在想明白的问题——为什么比我们落后的宇宙文明也很可怕？

以“猪仔”为例，作为一个落后的种群，当他们看到先进的文明来到自己的世界，有一种“你来到我的城市，我想走你来时的路”的感觉。这种外界的干扰和刺激导致落后的物种不能按照自己的轨迹慢慢进化，他们肯定要想尽一切办法学习先进文明的知识，因为他们同样也是智慧生物。智慧生物的本能就是要继续生存，补足自己的短板，一如人类学习了虫族一样。所以人类把自己围起来，不让“猪仔”学习知识，根本就防不住，是一种非常可笑的做法。

“猪仔”看人类的一切就是在向人类学习，除非人类彻底消失不让它看见，否则“猪仔”一定以人类为榜样。

作者奥森·斯科特·卡德用两本书告诉我们在宇宙文明中生存

的重要道理：

第一，比我们先进的文明我们不用害怕，因为我们有可能战胜他们。

第二，比我们落后的文明我们也要敬畏，因为他们有可能战胜我们。

人类既不能自大，也不能自卑，因为宇宙这么大，即便我们现在没有发现外星文明，我们还有自己的内心可以去发现。

后　记

两年前，我在喜马拉雅电台有了自己的专辑。虽然中间为了专辑叫什么名字我选择困难过几次，但始终都以推荐和解读中小学生应该阅读但是不喜欢、读不懂、或者没耐心读的世界名著为主。不知不觉间，我的电台专辑已经有两百万左右的播放量了。

作为一档免费节目，朋友们都觉得我能坚持下来很不易，但只有我知道，我推荐的书目和解读的视角，能得到学生和家长的认可，才是我坚持下来的动力，与其他无关。

在过去的岁月中，最让我欣慰的是听到下面两种反馈：

一是“花生粥老师，听了你的讲解，我家孩子专门要读你讲的书”；二是“花生粥老师，听了你的解读，孩子又把某某作品读了一遍”。

这正是我开设电台专辑的初衷：让孩子重拾阅读世界名著的兴趣，让孩子开阔视野感受经典之所以成为经典的魅力。

然而，这并不是《给孩子的 24 堂经典阅读课》写作的缘起。

如果说单独把我解读的书目文字稿结集出版，用不了我很长时间，但对于一个多年接触孩子们的读书学习，从小学教到大学的人来说，我深知要把语言凝练成文字，绝对不是把电台专辑里的声音“翻译”成文字这么简单，毕竟口语表达和书面语阅读之间还有较大的差距，特别是电台专辑的更新往往来自听众的投票和期待，基本没有什么体系可言，如此回馈听众，我做不到。

与利用零散时间收听故事不一样，文字阅读的连贯性和整体感对于孩子的阅读训练尤为重要。再加上不同经典名著的解读视角也有差别，如何让孩子的阅读没有割裂感，是我在差不多三个月的时间里寝食难安的问题。

直到有一天，我偶然看到一部以深夜小巷中的餐馆和老板为主视角展示人间百态的剧集，我的脑回路一下子打通了，一如卡通片里主人公抓耳挠腮之后头上亮起的灯泡。

当天深夜，我推翻了之前写好的近八万字的书稿，重新选定了本书解读的书目，构思出几种可能的框架设定。一周之后，霹雳听书馆每堂课前的引导小故事有了雏形，而在我的脑海中，这家“白天书店”也正式挂牌营业了。

我小时候从来不认为读书是一件苦差事，因为我真的喜欢阅读并且清醒认识到这是填满时间的绝佳方法，等我真的要为孩子们准备出合适的文字和内容，我才真正理解，所谓读书的“苦”其实在于我所追求的正确表达和正能量传递。

读书是一件随时可以开始的事情，八十岁开始热爱阅读也会有收获，但是阅读能力的培养，如何甄别优质与劣质的图书反而是童子功，如果孩子能够在中小学阶段就有良好的阅读品味和高雅的阅读情操，那么在他们人生的大部分阶段，都能获得世界名著所带来的精神给养，这并不是在暮年的人生可以获得的。我做的这件事情，至少可以帮助孩子爱上阅读名著，愿意去思考文字背后的人文故事和文化传承。

如果有一天，我真的可以开一家这样的书店，每周有固定的时间，给到访的顾客讲解我所热爱和我所理解的世界名著，夫复何求？

熬一碗“耐读”的花生粥，象征了我推荐的名著是能够长时间反复阅读的，也隐喻了我提供的内容是可以多角度进行反思的。这些都是我所希望看到的。

时间是一切问题的解药。

用时间去沉淀每一粒米，花心思去构思每一句话，最后端上桌的是一碗碗有滋有味又营养丰富的精神食粮，作为大厨，我便知足。

诚然，这是我真正意义上的处女作，难免还有一些不尽如人意的地方，于此也希望能得到更多宝贵的建议和支持，谢谢大家。

讲不一样的故事给你感悟，用不一样的方式陪你读书，我是花生粥，霹雳听书馆的故事。未完，待续。

徐宏洲

戊戌年岁末于北京

熬一碗“耐读”的花生粥

陪你读书

人生探索家系列

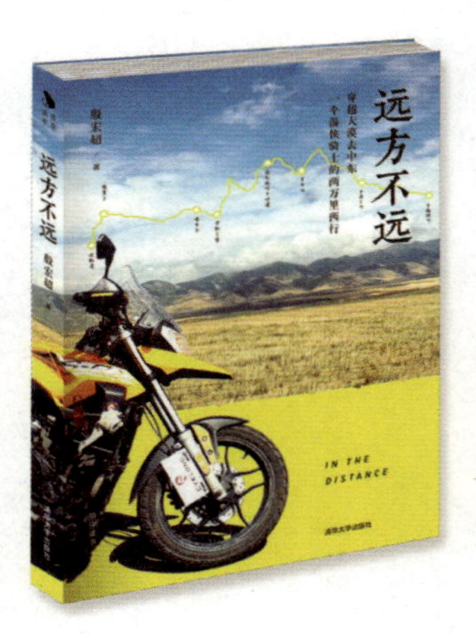

《远方不远》

ISBN：9787302475927
定价：49.80元

《向前一步，就不再怕了》

ISBN：9787302440550
定价：39.80元

《初蹈沧海——环大西洋760天》

ISBN：9787302494577
定价：59.00元

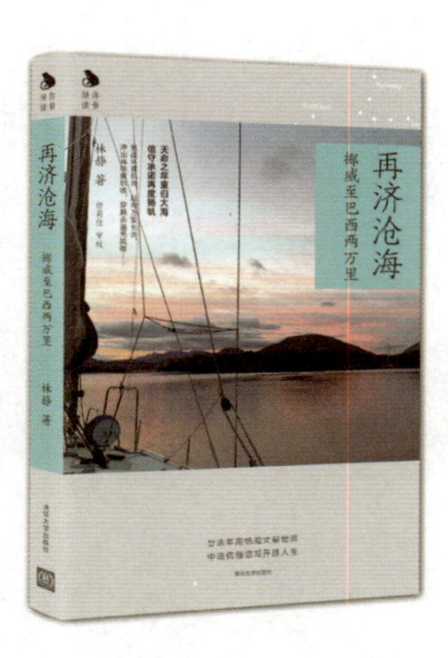

《再济沧海——挪威至巴西两万里》

ISBN：9787302496830
定价：69.00元